兩個香港的彌合之路

拆解經濟深層次矛盾

洪雯 著

商務印書館

香港國際金融學會叢書（一）

兩個香港的彌合之路 ──
拆解經濟深層次矛盾

作　　者：洪　雯

責任編輯：甄梓祺

封面設計：陳玉珠

出　　版：商務印書館（香港）有限公司
　　　　　香港筲箕灣耀興道 3 號東滙廣場 8 樓
　　　　　http://www.commercialpress.com.hk

發　　行：香港聯合書刊物流有限公司
　　　　　香港新界荃灣德士古道 220-248 號荃灣工業中心 16 樓

印　　刷：美雅印刷製本有限公司
　　　　　九龍觀塘榮業街 6 號海濱工業大廈 4 樓 A

版　　次：2021 年 7 月第 1 版第 1 次印刷
　　　　　© 2021 商務印書館（香港）有限公司
　　　　　ISBN 978 962 07 6661 9
　　　　　Printed in Hong Kong

洪雯博士，現任香港一家大型商業集團研究主管，曾任香港特別行政區政府中央政策組高級研究主任、利豐研究中心副總裁等職。她目前是香港特區政府基本法推廣督導委員會委員、全國港澳研究會會員、海南大學「一帶一路」研究院兼職教授、香港國際金融學會研究員、香港總商會「粵港澳大灣區工作組」和「一帶一路工作組」成員，亦曾經擔任香港特區政府工業貿易署專家顧問、香港特區政府大珠三角商務委員會事務主任。

洪雯博士長期跟蹤內地重大發展戰略和政策，觀察香港經濟、社會領域的發展趨勢。她的研究領域還包括中國城市及城市羣、全球供應鏈新趨勢、新興商業形態及模式等，與其他資深學者合著有《新基建 新紅利 新機遇》及《一帶一路下的粵港澳大灣區藍圖》等書籍。

目　錄

序言

　　上世紀 70 年代以來，香港的「自由放任」資本主義體制不斷衍生出一些深層次的經濟和社會矛盾。香港回歸祖國後，那些深層次矛盾變得愈來愈嚴重，也愈來愈明顯，具體表現在貧富差距不斷擴大、財富分配愈趨不公、貧窮問題突出、土地房屋短缺、產業結構單一與轉型困難、經濟增長動力疲弱、上層階級固化、向上社會流動機會不足以滿足大部分人特別是年輕人的渴望、階級摩擦增加、世代衝突頻仍等眾多現象和問題上。不過，與此同時，「香港前途問題」、中英在香港過渡期事務上爭鬥不斷、香港內部政治鬥爭此起彼伏、管治艱難、政制改革等政治問題長期在香港的「公共議程」上佔有首要位置，從而使得那些深層次經濟和社會問題得不到管治者和社會的認真關注，更遑論採取適當有力的策略、政策和措施應對。久而久之，那些深層次經濟和社會矛盾引起了愈來愈明顯和強烈的社會怨氣、社會不公不義的感覺、羣眾對香港未來的悲觀情緒、人們對香港濃烈的疏離感和公眾對香港的管治者乃至對中央政府不斷上升的政治不滿。如果那些情況繼續惡化下去，經濟和社會深層次矛盾必然會變成嚴重的政治問題，絕對對香港的穩定和秩序不利，也對「一國兩制」的全面和準確實施不利。因此，經濟和社會深層次矛盾已經到了不能不正視的地步。

　　在 2019 年 10 月舉行的中共第十九屆四中全會上，中

央決定朝撥亂反正方向調整對香港的方針政策，主要目標是要徹底解決香港的政治難題，具體工作包括切實維護國家安全、大力遏制香港內外敵對勢力、強化香港特區政府的管治能力和確保愛國者治港。中央的原意是為香港締造一個合適的政治環境，讓香港的深層次經濟和社會矛盾能夠得到認真妥善處理。與此同時，政治議題的下墜必然會把深層次經濟和社會矛盾推到「公共議程」的顯眼位置。香港各界人士也必然會要求中央和香港的管治者能夠拿出魄力、毅力、決心和能力來解決那些矛盾。

目前香港正在處於歷史關鍵時刻，突然來襲的新冠肺炎疫情進一步激化香港的經濟和社會深層次矛盾，令香港的處境更爲嚴峻和凶險。洪雯（Wendy）博士的新著在此時此刻面世可謂恰逢其時，應該和值得引起各方面的重視和討論。

Wendy 與我過去在香港特區政府中央政策組共事多年，對香港面對的種種經濟和社會問題，特別是香港的發展戰略、產業轉型和香港與內地經濟關係等課題有深入研究。她在內地和香港都生活過和受過教育，對香港與內地的情況有深刻的認識，因此擁有比不少香港學者更廣闊的視野和獨特的觀點。

在本書中，Wendy 利用「兩個撕裂的香港」作爲「抓手」，對香港的深層次經濟和社會矛盾進行描述和分析，並提出解決問題和謀劃出路的意見和建議。特別值得重視的是她提出這樣的一個看法：要讓「融入國家發展大局」能夠發揮溶解香港的經濟和社會深層次矛盾的作用的話，中央、香港特區政府和香港各界人士必須要啓動新思維、擘畫新發展路向和採取新政策措施，否則單憑「融入國家發展大局」的過程反而不一定有利於有效應對香港的深層次經濟和社會矛盾，有些時候其效果甚至會適得其反。這個看法值得中央和香港人的深思和重視。

一直以來，作爲她的上司、同事和朋友，我深切感受到 Wendy 對香港的熱愛、關懷和憂心，這本書正好是她對香港的熱愛和關懷的用心表達。衷心希望此書能夠為香港帶來轉變。

劉兆佳
香港中文大學社會學榮休講座教授
全國港澳研究會副會長
2020 年 12 月

前言

　　香港，750 萬人口的小型經濟體、1,100 平方公里的彈丸之地、短短 100 多年的城市發展史，卻實在是「一本難讀的書」[1]。過去幾十年間，在中國快速崛起、全球化大潮起起落落、大國博弈、「一國兩制」的艱難摸索和實踐這幾大背景的深刻影響下，香港經歷了輝煌歲月，卻也積累起了愈來愈多的困惑和矛盾，並在近年引發了數次大風波。

　　對香港近年在經濟層面的困境和深層次矛盾，已有諸多分析論述，既有來自身處城中的局內人，也有來自城外的旁觀者。普遍的看法是，作為國際金融中心、亞太區資本流通平台、區域貿易和物流樞紐、高端服務中心，香港所擁有的不少無可替代的獨特優勢至今尚在；但與此同時，競爭力倒退、產業空心化、經濟缺乏新增長點、貧富差距日益擴大、階層固化、年輕人前路狹窄等種種困境，卻也是今日香港無法迴避的現實。

　　多年來，諸多研究給出的最為普遍的建議是「融入國家發展大局」、「發揮香港所長，服務國家所需」——這兩點，無疑是香港未來發展的根本方向；但是，朝着這兩個

1　香港主權移交後，中聯辦（時為新華社）首任主任姜恩柱曾說：「香港是一本難懂的書。」

方向走就足夠解決香港目前面對的種種困境嗎？

現實情況是，儘管做得還遠不夠，香港其實一直都在國家發展大局當中，長期以來一直是內地最大的外來投資者，貢獻了國家累計吸收外資總額的一半以上[2]，基本上全國各大城市最大的外資來源地都是香港。從改革開放之初將製造業轉移到內地，到後來服務業開始大規模進入內地，現今服務業佔香港對內地投資的比重早已超過一半。

此外，「國家所需 + 香港所長」也一直是過去幾十年來香港與內地合作的總體模式，香港一直在實踐種種基於其所長的定位，包括中國企業的境外集資中心、貿易物流服務中心、超級聯絡人、人民幣離岸中心、中國企業走出去的平台等等，以此服務國家所需。

讓人困惑的是，既然香港一直在實踐這兩方面的建議，哪怕做得不夠多、不夠好，但為何所面對的問題不但沒得到解決，反而還愈來愈嚴重？更多香港企業到內地投資、更好地發揮國際金融中心的功能，或更多香港優秀人才到大灣區去創業，香港本地出現的產業空心化、經濟結

2　截至 2018 年 12 月底，內地累計批准港資項目 45.7 萬個，實際使用港資 10,992 億美元。港資佔內地累計吸收境外投資總額的 54%。

構單一化、貧富差距擴大、就業結構兩極化等問題就會得到解決嗎？——在我看來，恐怕未必。

　　究其實，「香港」是一個籠統的概念；**現實中，存在兩個斷裂的、有不同利益主體、存在巨大落差的香港**。一個是國際金融中心、高端服務中心、聯通東西方的平台，集中了香港的大部分優勢，是香港國際競爭力的核心體現，未來前景依然廣闊，我稱之為「一號香港」。除此之外剩下的那部分香港，便是大部分中產和基層人口的安身立命之所，我稱之為「二號香港」——而競爭力下滑、產業單一化和空心化、就業劣質化、階層固化，也正是「二號香港」今日的客觀現實。很多時候，我們給出的發展建議也許總體上對香港有好處，但實際上往往並非兩個香港都能均衡受益；甚至，一個香港受益的同時，另一個香港可能為之付出代價。故此，實在有必要辨析兩個香港各自的利益所在、區別兩個香港不同的發展需求，從而提出有針對性的解決方案，找到關懷本地人和年輕人的發展模式。

　　舉個例，我們一直強調「國家所需、香港所長」，但事實是我們所看重的香港所長，其實主要是集中於「一號香港」之中，只強調發揮所長，受益的主要是「一號香港」中的精英階層。而普羅大眾安身立命的「二號香港」正面

臨產業空心化和單一化、新增長點難以形成、上升通道狹窄的困境，迫切需要的是從外界吸收別人的所長、彌補自身短板、提升其發展 —— 「國家所需、香港所長」的思路對「二號香港」而言，成效有限。

再舉個例，CEPA[3] 於 2003 年簽訂，內地通過 CEPA 對香港開放服務業市場，因此被視為國家送給香港的「大禮」。香港服務業企業也積極「融入國家發展大局」、投資內地，至今香港服務業在內地的投資早已超過製造業，企業也因此獲得了更大的發展空間。然而，同時可能出現的情況是，因內地的成本和市場規模優勢，投資內地的香港服務業企業開始減少甚至移除在香港的功能和職位，轉而直接在內地提供服務，逐漸出現了「遷移」和「替代」效應，無可避免造成了香港本地就業的流失和產業的萎縮。也就是說，企業因轉移到內地而獲益的同時，本地產業和就業有可能為此付出代價。「融入國家發展大局」絕對是香港未來發展的根本，但如何「融入」才能讓大部分港人受益、並有助於解決香港的深層次矛盾，無疑需要深入探究。

3　CEPA 即《內地與香港關於建立更緊密經貿關係的安排》，是內地與香港簽訂的首項自由貿易協議，其主體文件於 2003 年 6 月 29 日簽署。

再例如，為了推動國際金融中心功能的發展，香港政府進一步為資本鬆綁，並通過減稅等措施，吸引更多全球資本流入、停留在港。但由於本地缺乏多元的實體產業和投資機遇，資金湧入後，進入金融和地產市場，進一步推動了經濟的金融化和地產化，推高了樓價，加劇了兩極分化，也催化了本地產業的轉移和空心化 —— 國際金融中心的發展，並非沒有代價。

可見，兩個香港的利益，並非是完全一致的。但在現實中，兩個香港往往被混為一談，其中之一受益便當作是香港整體受益，忽略了另一個香港可能因此受到的影響，忽略了兩個香港的均衡發展，以至於很多政策建議看上去對香港有好處，但實際上成效有限，甚至有可能加重兩個香港之間的隔閡，加重香港社會的矛盾。

正是基於存在「兩個斷裂的香港」這一判斷，在本書中，我試圖拋開政治分歧和價值判斷，客觀考察兩個香港各自的特徵和兩者之間的互動與衝突，分析香港各階層的真實處境和經濟層面的深層次矛盾，辨析各種政策思路可能對兩個香港帶來的不同影響，並嘗試從香港人的切身利益出發，提出讓兩個香港均衡發展的一系列中長期發展建議。

不可否認，當中有些建議並不符合香港過往幾十年以來的傳統思維和發展路徑。但是，香港的客觀現實和過去多年的思考和觀察告訴我，只有突破既有的思維禁錮，才能讓香港走出迷霧。若能引發一點思考和探討，本書的目的也就達到了。

　　至於這些建議的落實，更屬不易。不過，再困難的事，也必須有一個開始，才能一步步走下去。2020 年以來，新冠疫情重創全球，其影響堪比一場戰爭；但危機發生時，往往正是尋求改變和突破的好時機。與其在原路上徘徊、等待，危機過後又重回舊路，香港社會何不善用此次危機，深入思考前路將何去何從，並採取行動，主動塑造自己的未來？

　　畢竟，「種一棵樹，最好的時間是十年前，其次是現在」。

　　香港，是時候為下一代，去種下那棵樹了。

一

無法迴避的
經濟深層次矛盾

1.1 兩個撕裂的香港

到底，哪一面才是真實的香港？

2020 年，中美衝突、反修例事件和新冠疫情三重風暴給這座城帶來沉重打擊，經濟陷入深度衰退。是年第一、二季實質本地生產總值按年下跌 9.1% 及 9%，第三季稍見好轉，但仍然下跌 3.5%，預計全年經濟收縮 6-8%[1]。嚴峻形勢下，政府持續投入超過 3,000 億元的有史以來最大規模的救市基金，力圖保就業、創職位，但失業率仍然急升。2020 年 7-9 月經季節性調整失業率為 6.4%，屬近 16 年來的高位；與消費和旅遊相關的行業，即零售、住宿及膳食服務業合計失業率更急升至 11.7%，建造業失業率亦高達 10.9%[2]。

眾多行業中，旅遊及相關行業所受打擊尤其深重。2020 的十一黃金週被媒體譽為「寒冬週」，從前熙攘風光的街道「水盡鵝飛」，遊客幾乎絕跡。10 月 1 日當天，入境的內地訪客為 93 人次，比起 2018 年 10 月 1 日的接近 25 萬人次，幾乎可以忽略不計。新聞所見，為保生計，不少失業人士包括白領只能暫時選擇送外賣等散工，而讓人心驚的裁員消息尚持續不斷，無法預料失業率何時見頂。

1　數據源於《二零二零年第三季經濟報告》，香港特別行政區政府經濟顧問辦公室，2020 年 11 月。

2　數據源於香港政府統計處。

圖 1：10 月 1 日香港入境旅客人次（2018-2020）

數據來源：根據香港入境事務處數據整理。

可是，這慘淡的現實倒也並非香港的全部。2020 年，在全球流動性充裕、中資企業加快回流香港上市的情況下，資金持續湧港，香港銀行體系總結餘升至近幾年來的高位。港匯持續走強，更不斷觸發強方兌換保證，金管局多次入市，累計為市場注入了超過千億港元[3]。股市亦遠比旅遊區熱鬧，繼 2019 年香港於首次公開招股（IPO）市場再登集資額全球榜首之後，2020 年毫無懸念將位居全球三甲，融資總額達到十年來的新高。考慮中概股來港二次上市的情況，相信香港未來幾年 IPO 表現會持續強勁。

與資本市場同樣讓人樂觀的，是樓市。新冠疫情以來，樓市並未疲軟，與 2003 年 SARS 期間的大蕭條形成對比。疫情下市場推出的新樓盤，銷情熾熱，買家爭相排

3　見 https://kknews.cc/finance/a6zanpn.html。

隊認購。在遊客絕跡、失業率飆升、很多人生計不保的同時，資本及樓市買家在疫情中用真金白銀，給香港投下了堅定的、信心的一票。

上述這魔幻般的現實，讓人不禁心生疑惑，我們難道是生活在平行時空中兩個沒有交集的世界？哪一面才是真實的香港？

事實上，這「冰火兩重天」都是香港的客觀現實；今時今日的香港，不單止政治層面撕裂，在經濟社會層面也早已裂變成兩個世界，各自在自己的軌道上前行，沒有交集，我稱之為「一號香港」和「二號香港」。當我們談及香港的境況時，實在有必要問一句：「哪一個香港？」

1.2「一號香港」:「紐倫港」的傳奇

香港地方雖小,卻創造了諸多傳奇,在全球範圍來看都可算光鮮、亮眼。

每年,全球多個權威機構都會發佈各種各樣的世界經濟排名,包括整體經濟競爭力、營商環境便利程度、經濟自由度、全球金融中心功能等等。多年來,在各類權威的全球排名中,香港始終成績斐然,在多個國際大榜上長期佔有一席之地。

居各類世界排名前列

例如,瑞士洛桑國際管理發展學院(International Institute for Management Development,IMD)每年發表《世界競爭力年報》(*World Competitiveness Yearbook*)[4]。香港自 2005 年起至今一直置身最具競爭力地區或國家的前五位,並四次奪得榜首。在 2020 年的最新報告中,香港雖受「經濟表現」一項拖累,整體排名從前一年的第二位下跌至第五位,但「政府效率」及「營商效率」分別維持全

4　評定內容包括經濟表現、政府效率、商業效率及基礎建設四個項目,涉及全球 63 個國家與地區的競爭力比較,見:https://worldcompetitiveness.imd.org。

球第一及第二名,「基礎建設」也由第 22 位升至第 14 位。

在世界經濟論壇(World Economic Forum)每年發表的《全球競爭力報告》(*The Global Competitiveness Report*)中,香港自 2012 年以來一直名列前十,在最新的 2019 年報告中更由第七名躍升至第三名[5]。報告指出,香港有四項細分指標排名第一,評分接近滿分,包括宏觀經濟穩定、金融系統、產品市場和健康。

除了整體競爭力,世界銀行(The World Bank)每年比較 190 個經濟體在營商環境方面的整體表現,並發佈《營商環境報告》(*Doing Business*)。香港自 2007 年起便一直躋身全球最便利營商的地方的頭五名,更曾連續四年高居第二。在 2019 年出版的報告中,香港整體排名第三,在多項指標的全球比較中表現優異[6]。

在單項經濟功能方面,英國 Z/Yen 集團與中國(深圳)綜合開發研究院聯合發佈的《全球金融中心指數》(*The Global Financial Centers Index*)自 2007 年起一直把香港列入全球十大金融中心的第三或第四名,僅排在紐約、倫

---

5 該指數主要依據有利環境、人力資本、市場及創新生態系統四大指標,評比 141 個經濟體的競爭力。見:http://www3.weforum.org/docs/WEF_TheGlobalCompetitivenessReport2019.pdf。

6 該排名共比較十項指標,香港在全球比較中表現優異的指標包括「申請建築許可」(第一位)、「繳納稅款」(第二位)、「取得供電」(第三位)及「開辦企業」(第五位)。見:https://www.doingbusiness.org/en/data/exploreeconomies/hong-kong-china。

敦之後，偶爾會被新加坡超越。在 2020 年 3 月的報告中，香港的排名首次跌至第六，但在五大競爭力指標中仍位列前茅[7]。

香港表現最突出的，還是其自由度。由《華爾街日報》和美國傳統基金會（The Heritage Foundation）發佈的《經濟自由度指數》（*Index of Economic Freedom*），從 1995 到 2019 年都把香港列為世界最自由的經濟體。2020 年，香港排名全球第二，是 25 年以來第一次失落榜首[8]。報告指，香港的整體得分依然拋離全球及亞太地區的平均得分，縱然不明朗因素增加，導致投資風險上升，香港仍是一個充滿活力的國際金融中心，具有高度競爭力及開放性。

內地巨企湧港集資

實事求是地看，香港這一系列光鮮的國際排名並非浪得虛名，全球的資本和企業以腳和錢投票，支撐起香港在全球化中的一席之地。

7　2020 年香港的排名被上海和東京超越。排名及得分的下跌，反映香港受不確定的國際貿易情況影響。五大競爭力指標即營商環境、人力資本、基礎設施、金融業發展水平，以及聲譽和綜合情況。見：http://www.hk01.com/ 財經快訊 /453513/ 全球金融中心指數 - 香港跌出三甲未止排名第 6- 輸上海新加坡。

8　第一位由新加坡居上。報告評估項目分為法治、政府規模、管治效益和市場開放度四大部分。最新的下跌主要由市場開放度中「投資自由度」一欄的指數跌幅造成。見：https://www.heritage.org/index/country/hongkong?version=539。

例如，2019 年，香港的 IPO 再登全球榜首，是近 11 年來第七次得此殊榮。全年共 183 家公司在香港上市，總集資額達 3,142 億元，超越第二位的納斯達克證券交易所 (NASDAQ)[9]。這一年，香港交易所迎來多宗全球最大型的上市申請，包括阿里巴巴的第二上市和百威亞太的首次公開招股等。截至 2019 年 12 月底，以市值計算，香港股票市場排名亞洲第三、全球第五，上市公司數目達 2,449 家，總市值達 4.9 萬億美元[10]。2020 年，網易、京東相繼來港第二上市。隨着香港上市規則的成功改革，愈來愈多的生物科技、互聯網等新經濟企業來香港上市。2020 年，香港再度躋身 IPO 全球三甲，融資總額達到 3,973 億元，創下 2010 年以來的另一高峰[11]。

9　香港交易所，「2019 年全年業績、股息及暫停辦理股份過戶登記手續」，參見：https://www.hkexgroup.com/-/media/HKEX-Group-Site/ssd/Investor-Relations/annouce/documents/2020/200226_final_c.pdf。

10　香港貿易發展局，「香港經貿概況」，2020 年 11 月 26 日，參見：https://research.hktdc.com/tc/article/MzIwNjkzNTY5。

11　Deloitte，「內地及香港 IPO 市場：2020 年回顧與 2021 年前景展望」，2020 年 12 月 16 日。參見：https://www2.deloitte.com/cn/zh/pages/audit/articles/2020-q4-review-and-outlook-of-chinese-mainland-and-hk-ipo-markets.html。

図 2：香港的 IPO 表現（2013-2019）

| #3 | #2 | #1 | #1 | #3 | #1 | #1 | #2 |

IPO 總集資額（十億美元）数值：
2013: 21.8, 2014: 30.0, 2015: 33.9, 2016: 25.2, 2017: 16.4, 2018: 36.6, 2019: 40.1, 2020: 50.3

IPO數目：
2013: 110, 2014: 122, 2015: 138, 2016: 126, 2017: 174, 2018: 218, 2019: 183, 2020: 144

圖例：■ IPO 總集資額（十億美元）　━ IPO數目

資料來源：根據香港交易所數據整理。

對內地來說，香港是聯通環球資本市場的主要通道。很多內地企業利用香港作為跳板，在香港金融市場融資，然後在全球擴展業務。自 2002 年起，在境外上市集資的中國企業中，差不多每年都有七成或以上選擇香港作為上市渠道；2010 到 2018 年期間，超過三成中資企業發行的離岸美元債券是在香港發行 [12]。

香港也是全球離岸人民幣業務樞紐。憑藉龐大的資金池、高效的金融基建以及多個跨境資金流通渠道，香港為不同地方的市場參與者處理內地和離岸市場之間的人民幣計價金融服務，包括清算、結算、融資、資產管理和風險管理等。根據環球銀行金融電訊協會（SWIFT）的資料，

12　Noah Sin, "Explainer: How important is Hong Kong to the rest of China?", September 5, 2019, Reuters, 參見：https://www.reuters.com/article/us-hongkong-protests-markets-explainer/explainer-how-important-is-hong-kong-to-the-rest-of-china-idUSKCN1VP35H。

2019 年，香港是全球最大的離岸人民幣結算中心，佔全球人民幣支付交易約 75%。

香港亦是亞洲僅次於內地的第二大的私募基金中心，截至 2019 年底，香港 560 家私募基金公司管理的資產總值高達 1,600 億美元 [13]。全球最大的 20 家私募基金當中，15 家已經在香港設立據點 [14]，而香港亦是內地私募基金發展海外業務的跳板，既讓海外資本進入亞洲，亦為中國資本走向世界搭建橋樑。

香港還是亞洲第二大和全球第四大外匯市場。國際結算銀行（Bank for International Settlements）三年一度的外匯及場外（OTC）衍生工具市場活動調查顯示，香港的平均每日外匯成交金額由 2016 年 4 月的 4,366 億美元，增長至 2019 年 4 月的 6,321 億美元，年增長率達 45%，市場佔有率達 7.6%[15]；快速增長主要由於離岸人民幣交易業務活躍，支撐香港大量外匯活動。

13 香港特別行政區政府財經事務及庫務局，立法會參考資料摘要：《有限合夥基金條例草案》，2020 年 3 月 18 日，參見：https://www.legco.gov. hk/yr19-20/chinese/bills/brief/b202003201_brf.pdf。

14 香港政府新聞網，「設新制度促私募基金在港註冊」，2019 年 12 月 1 日，參見：https://www.news.gov.hk/chi/2019/12/20191201/20191201_121118_ 574.html。

15 BIS, "Turnover of OTC foreign exchange instruments, by country", 參見：https://stats.bis.org/statx/srs/table/d11.2。

全球、地區總部匯聚

由於簡單的稅制及低稅率、資訊自由流通、法治及司法獨立，以及自由港的地位，香港吸引了許多有境外母公司的企業來此設立地區總部／辦事處。2019 年，香港集聚了 1,541 間境外公司地區總部及 2,490 間境外公司的地區辦事處[16]。

圖 3：按母公司所在的國家／地區劃分的駐港地區總部數目
（1991-2019）

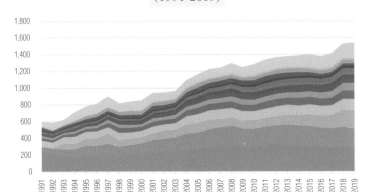

■美國　■日本　■中國內地　■英國　■德國　■法國　■瑞士　■新加坡
■意大利　■澳大利亞　■瑞典　■荷蘭　■台灣　■加拿大　■比利時　■其他

資料來源：根據政府統計處數據整理。

---

16 香港特別行政區政府統計處，「2019 年有香港境外母公司的駐港公司按年統計調查報告」，2019 年 10 月，參見：https://www.statistics.gov.hk/pub/B11100042019AN19B0100.pdf。

對外投資的流通平台

　　香港亦是國際資本流通的重要平台，多年來一直是位列世界前十位的外商直接投資目的地和來源地，2019 年位列第七 [17]，反映了香港作為國際金融和商業中心的地位，以及作為跨國公司管理其對外投資的流通平台的吸引力。

表 1 ： 2019 年十大吸納外商直接投資（FDI Inflow）的經濟體

排名	地區／國家	金額（億美元）
1	美國	2,462
2	中國內地	1,412
3	新加坡	921
4	荷蘭	842
5	愛爾蘭	782
6	巴西	720
7	中國香港	684
8	英國	591
9	印度	506
10	加拿大	503

資料來源： UNCTAD 。

---

17 聯合國貿易和發展會議（United Nations Conference on Trade and Development UNCTAD，《2020 年世界投資報告》（*World Investment Report 2020*）），詳見：https://unctad.org/webflyer/world-investment-report-2020。

表 2： 2019 年十大對外直接投資（FDI Outflow）的經濟體

排名	地區／國家	金額（億美元）
1	日本	2,266
2	美國	1,249
3	荷蘭	1,247
4	中國內地	1,171
5	德國	987
6	加拿大	766
7	中國香港	593
8	法國	387
9	韓國	355
10	新加坡	333

資料來源： UNCTAD 。

接通中西的變壓器

香港這個邊陲小城，能在全球流通中扮演如此舉足輕重的角色，完全是依賴其在獨特歷史中所形成的溝通中外、連結東西的功能。《經濟學人》(*The Economist*) 在 2020 年 6 月一期討論香港的文章中，把香港形容為「連接兩個電壓不同的電路的變壓器」("an electrical transformer that connects two circuits with different voltages")。文章指，香港以高超的技巧，擔任接通中國及西方截然不同的經濟制度及管治體系的中間人，使資本可以在兩者間暢通流動，也令自身成為繼紐約及倫敦後世界上最重要的國際金

融中心 [18]。

　　事實上，香港眾多的金融企業及服務機構，都是扮演着中間人的角色。雖然內地正在加快金融開放，但在實行資本管制、人民幣尚不能自由兌換的情況下，香港當下仍然是進出中國市場的重要媒介，甚至被某些海外機構認為是「中國連結外面世界的唯一選擇」[19]。自內地提出「一帶一路」倡議以來，香港政府根據本身的優勢，定位為中國和世界各國之間的「超級聯繫人」，一方面提供專業服務協助內地企業「走出去」，同時為內地城市引入資金、技術和人才等，擔當連接內地與環球市場的橋樑。

　　「變壓器」也好，「超級聯絡人」也好，由於其在國際資本、貿易、信息流通中扮演的平台角色，香港當之無愧成為了世界上為數不多的全球城市（Global City）／世界城市（World City）之一，在多種全球城市的排名中僅僅位列紐約、倫敦之後 [20]。

18　"Can Hong Kong remain a global financial centre?", Jun 6th 2020 edition。參見：https://www.economist.com/finance-and-economics/2020/06/06/can-hong-kong-remain-a-global-financial-centre。

19　「亞洲證券協會：香港是中國連接世界的唯一選擇」，香港經濟日報，2019 年 11 月 29 日。參見：http://inews.hket.com/article/2509324/ 亞洲證券協會：香港是中國連接世界的唯一選擇。

20　例如，由英國拉夫堡大學的全球化與世界城市（The Globalization and World Cities, GaWC）研究團隊，每年編制《世界城市名冊》，比較不同城市在全球經濟中的位置及參與度。他們在 2020 年把倫敦及紐約位列最高等級別 "Alpha++"，香港及新加坡則緊隨其後，為 "Alpha+"。GaWC, "The World according to GaWC 2020", 21 August 2020。參見：https://www.lboro.ac.uk/gawc/world2020t.html。

富人的天堂

正是由於這些突出表現，香港自身的總體經濟表現亦不差，本地生產總值（GDP）及人均本地生產總值（GDP per capita）[21] 均屬於發達國家／地區之列。

表 3：香港的本地生產總值及人均本地生產總值
（以 2010 的價格為標準）

年度	本地生產總值		人均本地生產總值	
	美元（億）	世界排名	美元	世界排名
2010	2,286	41	32,550	37
2011	2,396	40	33,888	35
2012	2,437	41	34,086	34
2013	2,513	39	35,003	32
2014	2,582	40	35,718	31
2015	2,644	40	36,261	30
2016	2,701	39	36,818	30
2017	2,804	39	37,929	29
2018	2,884	38	38,704	29
2019	2,850	40	37,957	25

資料來源：根據世界銀行數據整理。

---

21 按 2017 年國際不變美元購買力平價衡量的本地生產總值及人均本地生產總值（GDP and GDP per capita measured in 2017 constant international $ purchasing power parity）。

表 4：香港的本地生產總值及人均本地生產總值
（以購買力計算）

年度	本地生產總值		人均本地生產總值	
	美元（億）	世界排名	美元	世界排名
2010	3,608	43	51,361	16
2011	3,781	42	53,473	13
2012	3,846	43	53,785	13
2013	3,965	44	55,231	13
2014	4,074	44	56,359	14
2015	4,172	44	57,216	13
2016	4,262	44	58,096	13
2017	4,424	43	59,849	12
2018	4,550	42	61,072	11
2019	4,496	43	59,893	11

資料來源：根據世界銀行數據整理。

　　如此亮眼的表現，加上稅制、制度、文化、自然環境等等因素，使香港成為富人的天堂。過去 20 年來，大量富人在香港集聚，既包括本地發跡的，也包括來自境外的 [22]。有數據顯示，香港成年人人均財富全球排第二，僅次

---

22 專門研究全球高淨值人羣的媒體公司 Wealth-X，在剛發表的《2020 年億萬富翁普查》（*Billionaire Census 2020*）中指出，香港在 2019 年共有 96 位身家超過 10 億美元（約 77.8 億港元）的超級富豪，總人數在全球城市中排名第二，僅次於紐約的 113 位；估計香港這批富豪的身家加起來有 2,800 億美元（約 21,784 億港元）。Wealth-X 指出，受資本和貨幣市場的利好因素影響，香港單在 2019 便多了九名超級富豪，增幅人數為所有城市之冠。Wealth-X，*Billionaire Census 2020*，參見：https://www.wealthx.com/wp-content/uploads/2020/06/Wealth-X_Billionaire-Census_2020.pdf。

於瑞士。[23]

　　此外，大量財富通過香港進行管理，使這裏成為區域的財富管理樞紐。香港金融發展局在 2020 年發表的一份行業報告中，引述數據指出，在 2013 至 2018 年五年期間，香港的高淨值人士[24] 數量從 124,200 大幅增至153,310，增幅超過 23%[25]。報告同時指出，超過一半在香港所管理的資產來自非本地的投資者，來源地包括北美洲（21%）、亞太區（中國以外）（14%）、中國內地（11%）和歐洲（9%）；事實上，在香港記賬的跨境財富於 2018 年已達 1.3 萬億美元，高踞區內榜首。[26]

23　投資銀行瑞信的《2019 財富報告》（*The Global Wealth Report 2019*）顯示，香港成年人人均財富（包含居所、金融資產和其他實際資產減去負債後的淨值）達 48.926 萬美元（約 382 萬港元），全球排第二，僅次於首位瑞士的 56.465 萬美元。受惠於物業升值，香港擁有超過 100 萬美元（約 778 萬港元）財富的人達 51.6 萬。瑞信估計到了 2024 年，這類人數將升至 70 萬人，增長 36%。Credit Suisse, *The Global Wealth Report 2019*, October 2019。參見：https://www.credit-suisse.com。

24　即 High Net Worth Individuals，此處指擁有 100 萬美元或以上可投資資產的人士，此類資產不包括主要居所、收藏品、消費品和耐用消費品。

25　數據引自 Capgemini, *World Wealth Report 2019*，參見：https://worldwealthreport.com/wp-content/uploads/sites/7/2019/07/World-Wealth-Report-2019.pdf。

26　香港金融發展局，「香港：亞洲財富管理樞紐 —— 行業調查報告」，2020 年 2 月，參見：https://www.fsdc.org.hk/sites/default/files/PWM%20report%20-%20Chinese_20200211.pdf。

「紐倫港」的傳奇

2008 年，美國《時代》周刊編輯邁克爾・艾略特在其文章《三城記》（*A Tale of Three Cities*）中，創造了一個全球化時代的新名詞：紐倫港（Nylonkong），即紐約、倫敦、香港三個城市的合稱[27]。在文章發表時，這三個城市是全球排名前三位的國際金融中心，坐落於不同的大洲和時區，具互補性；三個城市所架構的金融網絡主導了世界金融體系。同時，這三個城市均取得了矚目的經濟成就及具有相似的文化特色，例如均有較大比例的移民人口、文化產業具有區域影響力等等。因此，《時代》周刊把「紐倫港」並列為 21 世紀三大國際都會，視之為全球化的典範，並認為這三個城市將在 21 世紀持續領導全球各大地區的發展潮流 —— 對香港這樣一個偏居中國東南一隅的彈丸之地而言，「紐倫港」之譽，可算是其發展史上的高光時刻。

「一號香港」的主要產業和利益主體

不過，「紐倫港」的光環，並非屬於整個香港。大多數有關香港的優勢分析和有關香港未來發展的定位，包括全球城市、國際金融中心、東西方「超級聯絡人」、人民幣離岸中心、中國企業走出去平台、跨國公司地區總部基地等等，其實都是貼在第一個香港之上的標籤。為方便論述，我稱之為「一號香港」。

27　Michael Elliott, "A Tale of Three Cities", *Time*, Jan 17, 2008。參見：http://content.time.com/time/covers/asia/0,16641,20080128,00.html。

對「一號香港」來說，國際化是其最主要的特徵，而金融是其最核心的產業。此外，金融與房地產是高度融合的，房地產自然也是其核心產業。加上其他與金融和地產緊密結合的各種高端服務業，包括法律、諮詢、會計等等，構成了「一號香港」的三大產業板塊。

無疑，「一號香港」足以讓港人引以為傲。但是，現實是，僅僅依靠「一號香港」，並不足以支撐全體港人在事業和生活上的發展需求，因為並不是所有港人都能參與其中，成為「一號香港」的一份子，從中受益。很明顯，「一號香港」的利益主體主要是金字塔頂端的精英階層，包括資本家、投資人、金融業和地產業精英，以及與之緊密相連的法律、諮詢、會計等等界別的專業人士，同時也包括了附庸於這個階層的人士，包括部分的專業人士和中產階層。

1.3「二號香港」：中產和基層的安身立命之地

　　在國際化、全球化、璀璨光鮮的「一號香港」底下，還掩蓋着另一個看上去不那麼美好的「二號香港」—— 那便是大多數中產和基層市民賴以安身立命的、「一號香港」以外的那部分香港。

日益擴大的貧富差距

　　日益擴大的貧富差距，是「一號香港」與「二號香港」之間關係最顯著的特徵。香港政府中期人口普查結果顯示，香港最富裕一成及最貧窮一成住戶的月收入差距，已由 2006 年的 34 倍擴大到 2016 年的 44 倍，而這種差距還有進一步加快擴大的趨勢。「一號香港」持續繁榮，「二號香港」卻停滯不前；平行時空中不同的港人羣體，漸行漸遠。

图 4：香港家庭住戶每月收入中位數走勢

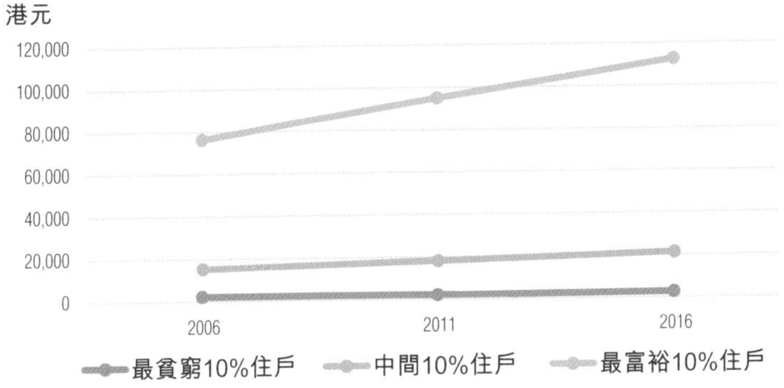

港元

| | 2006 | 2011 | 2016 |

最貧窮10%住戶　　　中間10%住戶　　　最富裕10%住戶

資料來源：根據政府統計處數據整理。

攀升的堅尼系數

世界各國普遍用堅尼系數（Gini Coefficient）來衡量收入分配差距。過去 20 年來，香港的收入不平等問題日益惡化。香港政府統計處的數據顯示，香港原住戶收入的堅尼系數由 1971 年的 0.43，上升到了 2001 年的 0.525，到 2016 年更進一步上升至 0.539。

1996-2016 年間，香港除稅及福利轉移後的堅尼系數維持在相對窄的區間（0.466-0.473），反映透過稅收以及發放社會福利，有助緩解收入差距的擴大。不過，即使是除稅及福利轉移後，香港 2016 年的堅尼系數也達到 0.473，高於普遍被視為警戒水平的 0.4。

收入水平的不平等加劇，在發達經濟體、尤其是金融業發達的經濟體制中是個普遍現象。但香港的不平等尤為

突出，除稅及福利轉移後的堅尼系數比美國、新加坡等國
家都要高。[28]

圖 5 ：香港的堅尼系數（1996-2016 年）

資料來源：根據政府統計處數據整理。

100 萬貧窮人口

香港政府 2019 年底發佈的《2018 年香港貧窮情況報
告》，統計出在恆常現金政策介入後，香港共有 102.4 萬

28 根據 Congressional Budget Office (CBO) 數據，2016 年，美國除
    稅及福利轉移後的堅尼系數為 0.42。參見：https://en.wikipedia.
    org/wiki/Income_inequality_in_the_United_States#:~:text=The%20
    2016%20US%20Gini%20coefficient,Budget%20Office%20(CBO)%20
    figures.&text=After%20taxes%20and%20transfers%2C%20these,%2C%20
    and%2012.5%25%25%2C%20respectively。另外，根據新加坡統計局
    （Singapore Department of Statistics, DOS）數據，2018 年，新加坡除稅
    及福利轉移後的堅尼系數為 0.404。參見：https://www.channelnewsasia.
    com/news/singapore/singapore-household-income-grew-in-2018-income-
    inequality-11238462#:~:text=For%202018%2C%20Singapore's%20
    Gini%20coefficient,total%20income%20equality%20%2D%20was%20
    0.458.&text=This%20continues%20to%20be%20among,2017%20and%20
    0.458%20in%202016。

貧窮人口，或 43.5 萬戶，整體貧窮率為 14.9%[29]。其中約一半為 18 至 64 歲人士，逾三分一為 65 歲及以上長者，餘下的是 18 歲以下兒童。差不多每三名 65 歲及以上的長者當中，便有一個是貧窮人口。即使他們已領取經優化的長者生活津貼，其住戶收入仍停留在貧窮線以下。隨着社會加速人口老化及住戶小型化，加上經濟步入衰退，政府預料貧窮人口將繼續面對上升壓力，並會大幅抵銷扶貧政策帶來的成效。

圖 6：香港的貧窮人口及貧窮率（2009-2018）

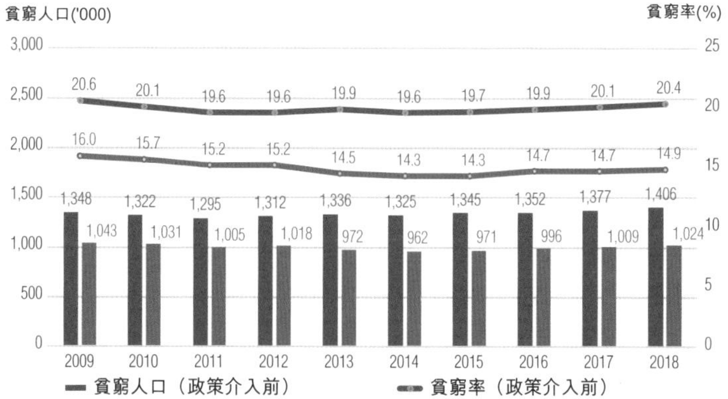

貧窮人口('000)　　　　　　　　　　　　　　　　　　　貧窮率(%)

■ 貧窮人口（政策介入前）　　　　● 貧窮率（政策介入前）
■ 貧窮人口（政策介入後 - 恆常現金）　　● 貧窮率（政策介入後 - 恆常現金）

資料來源：香港政府《2018 年香港貧窮情況報告》。

29 該報告採用了「相對貧窮」的概念，以政策介入前（即稅前和社會福利轉移前）的每月住戶收入中位數的 50% 為貧窮線。2018 年，政策介入前的整體貧窮住戶數目為 612,900 戶，貧窮人口為 1,406,500 人，貧窮率為 20.4%。恆常現金政策介入後（包括綜援、高額長者生活津貼以及在職家庭津貼），相關數字分別為 434,800 戶、1,024,300 人及 14.9%。香港特別行政區政府，《2018 年香港貧窮報告》，2019 年 12 月，參見：https://www.povertyrelief.gov.hk/chi/pdf/Hong_Kong_Poverty_Situation_Report_2018(2019.12.13).pdf。

該報告同時指出，18 至 29 歲青年的貧窮人口約九萬人，貧窮率為 9.3%，連續三年錄得升幅。其中 25 至 29 歲貧窮青年中近九成已完成學業，但仍有五成多（56.2%）是無業。

資產的不平等

　　貧富的差距不僅反映在收入上，更體現在資產上。香港的樓價從 1997 年金融風暴後開始下跌，在 2003 年觸底後再次重拾升勢，之後一直以「大漲小回」的模式持續上升。期間雖屢受外圍風浪及政府遏市「辣招」而出現調整，惟整體上升的格局始終未變。以差餉物業估價署的「私人住宅售價及租金指數」來衡量，將 2003 年 7-8 月樓市最低潮，與 2020 年 7 月份的最新數據比較，17 年來樓價指數合共累升超過了 3 倍，而同期住戶入息中位數（包括租金、股息等），則上升了 67%，與樓價的升幅相差甚遠。

　　在適當時機投資物業的人，至今極有機會因樓價大幅上漲而累積不少財富。而錯過了樓價升勢、自身收入增幅亦僅屬於正常水平的人，也許再也難以追上這個浪潮。因此，是否擁有自有物業，成為了階層劃分的重要門檻之一。然而，統計處的數據顯示，自置居所佔整體住戶比例，由 2008 年的 53.6%，一直下跌至 2018 年的 49.2%，意味能夠受惠於資產升值的住戶比例愈趨減少。

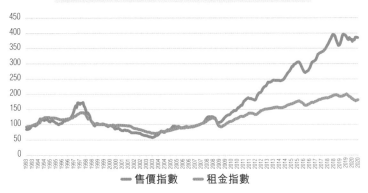

圖 7：私人住宅售價及租金指數（1999=100）

資料來源：根據政府統計處數據整理。

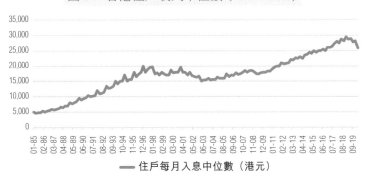

圖 8：香港住戶收入中位數（1985–2020）

資料來源：根據政府統計處數據整理。

經濟學人智庫（Economist Intelligence Unit，EIU）的《2020 年全球生活成本調查》(*Worldwide Cost of Living Survey 2020*) 指出，香港以 102 的生活成本指數與新加

坡、日本大阪並列首位[30]。報告指，在香港不論是置業還是租屋生活，耗費的金額都是排全球第一，而且與其他地方的差額更是十分大。以購買市區單位為例，資料顯示香港每平方米的價格為港幣 $244,732，而排第二位的新加坡，每平方米價格只是港幣 $143,012，即在香港市區買樓比新加坡市區買樓要貴足足港幣 10 萬元[31]。

國際公共政策顧問機構 Demographia 發表的《2020年國際樓價負擔能力報告》(International Housing Affordability Survey) 指，香港連續十年成為全球樓價最難負擔城市，樓價高達家庭入息中位數的 20.8 倍，意味即使不作任何消費，也要用 20.8 年的收入才可「上車」[32]。

為無力置業人士編配入住公營房屋是減輕他們居住成本及改善生活最有效的辦法。但是，公屋的供應，遠遠跟不上需求的增長。截至 2020 年 6 月，房委會的公屋輪候冊有 25.97 萬宗申請，平均輪候 5.5 年，超出平均 3 年

30 The Economist, "Worldwide Cost of Living 2020: How is Covid-19 affecting the prices of consumer goods?" 參見：https://www.eiu.com/n/campaigns/worldwide-cost-of-living-2020。

31 文耀倫，香港生活成本有多昂貴？，香港01，2020 年 3 月 20 日。參見：http://www.hk01.com/ 職場 /450087/ 理財 - 香港生活成本有多昂貴 - 比較 30 項日常開支國際排名就知。

32 Demographia, "16th Annual Demographia International Housing Affordability Survey", Jan 20, 2020. 參見：http://demographia.com/dhimedia2020.pdf。

上樓承諾 [33]。

　　上不了車，亦無資格輪候或尚在輪候公屋的人，便只能蝸居於劏房 [34]。統計處根據 2016 年中期人口統計的結果，推算出香港約有 9.27 萬個劏房，共容納了 20.97 萬個居民。數據指，劏房住戶的人均居住面積，只有 62.4 平方呎，而中位數更僅為 56.5 平方呎，低於一般全港家庭住戶的 161.5 平方呎，亦不及公屋標準的 75 平方呎 [35]。而真實的情況，可能較政府的估算更糟。

　　劏房條件惡劣，租金卻不便宜。統計處調查顯示，劏房單位的每月租金中位數是 4,500 元，遠高於全港家庭住戶租金中位數的 2,180 元；而劏房住戶每月收入中位數僅為 13,500 元，遠低於全港住戶收入中位數的 25,000 元。劏房家庭的生活境況，讓人不忍細想。王春新博士估計，若加上房地產，香港除稅及福利轉移前的堅尼系數高達 0.7，絕對算得上世界第一。 [36]

33　香港房屋委員會，「公屋申請數目和平均輪候時間」，參見：https://www.housingauthority.gov.hk/tc/about-us/publications-and-statistics/prh-applications-average-waiting-time/index.html 。

34　劏房，即是業主或二房東將一個普通住宅單位分間成兩間以上較小的獨立單位，作出售或出租之用。

35　香港特別行政區政府統計處，2016 中期人口統計主題性報告：居於分間樓宇單位人士，2018 年 1 月，參見：https://www.statistics.gov.hk/pub/B11201022016XXXXB0100.pdf 。

36　王春新，《香港新思維 —— 從亞洲都會到國際都會》，商務印書館（香港）有限公司，2018 年 10 月。

上述種種現象和數據，反映的便是「二號香港」那令人沮喪、嘆息的現實。

「二號香港」的主要產業及利益主體

　　從經濟內容來看，「二號香港」圍繞着相對傳統的經濟功能，包括為貨物貿易提供服務的港口、物流、貿易產業；旅遊及其相關的零售、餐飲、酒店產業；為本地人衣食住行服務的各行各業；以及從這些領域衍生出來的各種服務——這些，構成了「二號香港」的幾大經濟板塊。顯然，這些產業也是香港的核心支柱產業，只不過這些產業的發展狀態和趨勢，被「一號香港」中的產業遠遠拋在了身後。

　　在這幾個經濟板塊中，有大量的中小微企業，受僱於其中的，大多是中產和基層羣體。加上依賴社會福利生存的非就業羣體，便構成了「二號香港」中的利益主體。這些羣體的總量，在香港社會中佔了大多數，構成了香港人口金字塔的中間和基座；他們的經濟來源、衣食住行，皆融合在「二號香港」之中，以此為他們的安身立命之地。

兩個香港之間的巨大鴻溝

　　當然，無論在經濟板塊構成和利益主體方面，兩個香港之間並非涇渭分明、毫無牽連，兩者之間其實有千絲萬縷的聯繫。例如，「一號香港」中的金融業同樣也為「二號香港」中的產業及個人服務。不過，為資本的跨境流通服

務、為精英階層服務才是其核心業務和功能，也是其核心的收入來源。因此，金融業是「一號香港」的核心板塊，而不會被視為「二號香港」的一部分。同樣，「二號香港」中的諸多產業也為「一號香港」服務，如餐飲、零售等各種消費性服務業，經濟學家常常說的「涓滴效應」（trickle-down effect）便在這些層面發生。但是，現實是這些效應並沒能在多大程度上改變「二號香港」的狀況。此外，「二號香港」中的不少經濟活動，其實被來自「一號香港」的企業家、投資人所掌握。不過，企業家、投資人的核心產業和根基存在於「一號香港」，他們自然是「一號香港」的成員，不會被視為「二號香港」的利益主體。

但是，正如前文所羅列的各種數據，兩個香港之間的關係，除了各種關聯，最為顯著的，還是橫亙在它們之間的巨大鴻溝，是兩者此消彼長的鮮明對比。

1.4 解構經濟深層次矛盾

誠然，香港近年發生的數次大風波，背後有多重根源，經濟民生並不足以解釋一切。但是，香港之所以走到今天，「二號香港」面對的經濟民生層面的各種困境，包括日益擴大的貧富差距、萎縮的中產階級、100 萬貧窮人口、年輕人向上流動無望等等，絕對是無法迴避的一面，亦是香港本土意識膨脹的重要原因。

而這些經濟民生困境，正是香港經濟結構層面的一系列深層次矛盾所體現出來的客觀現象。

產業結構的單一化

過去 20 年來，香港產業結構日趨單一化。首先是製造業極度萎縮、經濟過度服務化。從圖 9 可見，製造業對本地生產總值的貢獻比率，從 1980 年的 23.7%，一路下降至 2018 年的 1.0%；而服務業對經濟的貢獻在 2018 年達到 93.1%，比例之高在全球都可謂絕無僅有。

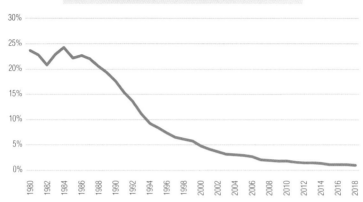

圖 9：製造業對本地生產總值的貢獻比率

資料來源：根據香港統計處數據整理。

　　在製造業全面流失、經濟轉向服務業的同時，服務業種類愈來愈集中。四個支柱產業（即金融服務、貿易及物流、旅遊及相關服務、專業及其他工商業支援服務）的增加值佔本地生產總值的百分比，從 1980 年約 44.4%[37] 一路上升，2007 年達到巔峰，佔比為 60.3%，其後稍為回落，但 2010 年以來一直保持在 57%-58% 之間。在這幾個支柱行業之外，新的增長點一直未能成長。路愈走愈窄，年輕人的就業選擇自然愈來愈少。

---

37 其中批發、零售、進出口貿易、住宿及膳食服務佔 21.4%，而金融、保險、地產及商用服務則佔 23%。

表 5 ： 2000-2018 年香港四大行業增加價值發展走勢 (%)

行業	增加值佔本地生產總值的百分比 [1](%)		增加價值變動 (%)	年均增加價值變動 [2](%)
	2000	2018		
(1) 金融服務	12.8	19.8	+225.9	+6.8
銀行	7.9	12.9	+244.5	+7.1
保險	2.5	3.6	+203.8	+6.4
其他金融服務	2.4	3.3	+188.1	+6.1
(2) 旅遊	2.4	4.5	+288.7	+7.8
入境旅遊	1.7	3.6	+361.5	+8.9
·零售	0.3	1.0	+705.9	+12.3
·住宿	0.5	1.0	+296.9	+8.0
·餐飲	0.2	0.5	+374.1	+9.0
·其他	0.7	1.2	+270.1	+7.5
外訪旅遊	0.8	0.8	+128.9	+4.7
(3) 貿易及物流	23.6	21.2	+88.8	+3.6
貿易	19.2	18.0	+97.4	+3.9
·批發	0.9	0.8	+80.8	+3.3
·進出口貿易	18.3	17.2	+98.3	+3.9
物流	4.4	3.1	+51.2	+2.3
(4) 專業服務及其他工商業支援服務	10.6	11.9	+136.7	+4.9
專業服務	3.3	4.7	+197.9	+6.3
其他工商業支援服務	7.2	7.2	+108.3	+4.2
四個行業總計 = (1)+(2)+(3)+(4)	49.4	57.3	+144.4	+5.1

註：

1. 四個主要行業佔本地生產總值的百分比是用以基本價格計算的名義本地生產總值來編製的。這與我們常用的以當時市價計算的本地生產總值有少許不同，後者包括產品稅。

2. 以年均複合增長率 (Cumulative Average Growth Rate)

資料來源：根據政府統計處數據整理。

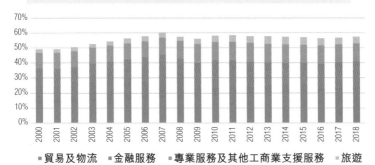

圖 10：四個支柱行業的增加值佔本地生產總值的百分比

■ 貿易及物流　■ 金融服務　■ 專業服務及其他工商業支援服務　■ 旅遊

資料來源：根據政府統計處數據整理。

產業結構的兩極分化及低端化

產業結構在單一化的同時，出現高端化和低端化兩極分化的現象，尤其以低端化更為嚴重。

表 6 ： 2018 年香港主要行業人均年增加值

行業	人均增加值	行業	人均增加值
銀行	3,351,507	陸路運輸	916,349
保險	2,421,129	專業及科技服務	553,863
電訊	2,280,806	資訊科技	528,708
金融市場及資產管理	1,709,162	水上運輸	512,475
航空	1,196,822	批發	361,519
進出口貿易	975,932	零售業	323,876
地產	954,065	餐飲業	240,906

資料來源：根據政府統計處《服務業統計摘要 2020 年》計算。

從表 6 可見，2018 年，香港人均增加值最高的行業是金融，包括銀行和保險，可視為香港最高端的產業；人均增加值最低的是批發、零售和餐飲這幾個與旅遊業相關的產業，可視為香港最低端的產業。其他行業可視為中等增值產業。

而表 5 顯示，2000-2018 年間香港四大支柱產業中增加值增長幅度最多、增長速度最快的便是最低端的旅遊業，共增長了 288.7%，年均增幅為 7.8%，較同期本地生產總值年均增長 4.2% 的幅度高出甚多。旅遊及其所帶動的零售、餐飲、酒店等產業屬於低增值消費性服務業，顯示了香港經濟低端化的趨勢。

增速僅次於旅遊業的是最高端的金融業，18 年間共增長了 225.9%，年均增幅為 6.8%，使金融業增加值在總體 GDP 中的比例從 2000 年的 12.8% 上升到 2018 年的 19.8%，顯示產業結構在低端化的同時，亦出現高端化現象。

伴隨產業結構單一化、兩極化的，是中間塌陷的趨勢。四大支柱產業中增值處於中等水平貿易及物流、專業服務及其他工商業支援服務的增長，在 2000-2018 年間的年均升幅分別為 3.6% 和 4.9%，低於高端產業及低端產業的增長；18 年間，兩大產業增加值佔 GDP 的比例從 34.2% 下降到了 33.1%。

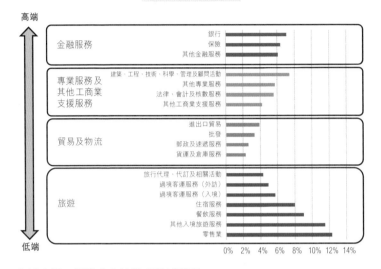

圖 11：四大支柱行業在 2000-2018 年間增加值的
年平均升幅（％）

資料來源：根據政府統計處數據整理。

就業結構的兩極化及劣質化

產業結構的兩極化，自然導致了就業結構的兩極化。表 7 顯示，2000-2018 年間香港四大支柱產業中就業人數增長最多、最快的便是最低端的旅遊業，共增長了 122.9%，年均增幅為 4.6%；其次便是最高端的金融服務，共增長了 55%，年均增長 2.5%。雖然位處第二，但金融業的就業增速，明顯低於旅遊業。

相比之下，中間的貿易及物流業出現就業大幅萎縮的情況，18 年間就業減少了 6.1%，年均減少 0.3%，使其對整體就業的貢獻從 2000 年的 23.8%，大幅下降到 2018

年的 18.6%。2007 年是貿易物流業的就業頂峰，僱用了 83.6 萬人；而到 2018 年，該行業僱用人口為 71.9 萬人，減少了 11.8 萬人，減幅達到 14%。

另一個位處中端的支柱產業 —— 專業服務及其他工商業支援服務，從 2000 到 2018 年的這 18 年間，就業共增長了 53.4%，年均增長 2.4%，增速稍遜於金融業。若將貿易及物流業、專業服務及其他工商業支援服務視為香港中產的主體，18 年來，這兩個產業對就業的貢獻共下降了 2.2 個百分點。

可見，香港就業結構出現兩極分化，更多表現為劣質化，因為低端就業增長最快。同時，中層就業隨着本地競爭力弱化和產業的跨境轉移而流失，在整體就業人數中的比例呈下降趨勢。「中產向下流」的現象愈趨明顯，基層上升的通道收窄，階層開始固化。

表 7：2000-2018 年香港四大行業就業人數發展走勢（%）

行業	就業人數變動率（%）	年均就業人數變動率（%）[2]	就業人數佔本地總就業人數的百分比（%）	
			2000	2018
(1) 金融服務	+55.5	+2.5	5.3	6.8
銀行	+35.0	+1.7	2.4	2.7
保險	+73.0	+3.1	1.2	1.8
其他金融服務	+72.5	+3.1	1.6	2.4

行業	就業人數變動率（％）	年均就業人數變動率（％）[2]	就業人數佔本地總就業人數的百分比（％）	
			2000	2018
(2) 旅遊	+122.9	+4.6	3.6	6.6
入境旅遊	+156.9	+5.4	2.7	5.8
·零售	+256.1	+7.2	0.9	2.6
·住宿	+52.7	+2.4	0.8	1.0
·餐飲	+145.8	+5.1	0.6	1.3
·其他	+161.0	+5.5	0.5	1.0
外訪旅遊	+14.9	+0.8	0.9	0.8
(3) 貿易及物流	-6.1	-0.3	23.8	18.6
貿易	-5.8	-0.3	17.9	14.0
·批發	-17.0	-1.0	2.2	1.5
·進出口貿易	-4.2	-0.2	15.7	12.5
物流	-6.8	-0.4	5.9	4.6
(4) 專業服務及其他工商業支援服務	+53.4	+2.4	11.2	14.2
專業服務	+83.6	+3.4	3.9	5.9
其他工商業支援服務[1]	+37.5	+1.8	7.3	8.4
四個行業總計＝(1)+(2)+(3)+(4)	+27.1	+1.3	43.9	46.3

註：

1. 其他工商業支援服務是指除金融服務、旅遊、貿易及物流和專業服務以外的工商業支援服務。

2. 以年均複合增長率（cumulative average growth rate）計算

資料來源：根據政府統計處數據整理。

過度金融化和地產化

所謂「金融化」，是指企業或個人通過金融系統進行的財富創造和積累，凌駕於通過實質性的生產創造之上。隨着金融化的發生，不但金融業在整體經濟中的比重日益提升，非金融企業的盈利愈來愈多從金融投資而來，現金流出也愈來愈多流至金融資產當中。

20 世紀 70 年代以來，以私有化、市場化和自由化為核心主張的新自由主義成為資本主義的核心話語，推動全球化從產品貿易的全球化演變為資本流通的全球化，資本主義也走到了金融資本主義的階段（見下章詳述）。因此，金融化和新自由主義下的全球化可以說是一體的兩面。

作為深度參與全球化的經濟體，香港的經濟結構中也清晰顯現出金融化的趨勢。一方面金融業快速發展，在整體經濟中所佔比例持續提升，另一方面非金融產業的利潤來源愈來愈依賴金融體系，其持有的金融資產比例也持續提升。

在香港，同時發生的還有地產化的趨勢。香港人多地少、山多平地少，土地本就是極其稀缺的資源。隨着香港逐漸成為全球金融和流通中心，大量資本在這個平台上吐納、大量人口在這個城市中流通。而土地和房地產作為承載這一切的載體，價值得到極大的提升。再加上房地產本身是與金融深度結合、高度綁定的，地產與資本在香港互相驅動、互相促進，成為香港經濟發展的首要驅動力。

香港產業金融化、地產化的趨勢，形成了典型的「財富推動型」經濟增長模式 —— 財富創造財富的速度，遠遠高於勞動創造財富的速度。而這一趨勢帶來了幾大後果。

其一，擁有財富積累的人資產迅速增長，而單純靠勞動謀生的人，收入的增長遠遠追不上資產的增值、樓價的飆升和通脹，這無疑導致了貧者愈貧、富者愈富，貧富差距日益擴大。

其二，金融化和地產化直接帶來樓價和生產、生活成本的快速上升，壓抑甚至窒息了創新、創意、創業。20年來，香港未出現過一家大型的本地新企業，新產業更是難以擴張。

其三，金融化和地產化形成了一種自我強化的趨勢 —— 由於其「造富」能力更強、更快，吸引更多資源湧入金融、地產和相關行業。企業不願意將資源投入長遠可能增加競爭力、但短期可能沒有回報的創新性活動；最優秀的人才為了清晰的前景和回報，只想進投資銀行或當律師，不太去創造新的東西。在此集體短視近利的環境下，社會缺乏創新動力，企業和個人專注財富的增長，較少關注整體經濟的競爭力和長遠發展潛力。年輕人發現單靠勞動沒法累積財富，且除了金融地產和少數幾個高端行業外，難找到其他發展方向，他們心目中的公平正義聚焦於資源的再分配，而不是關心社會的新發展動力。

為了促進本地產業結構多元化，特區政府在 2008 年

提出發展六項優勢產業，包括文化及創意、教育、醫療、環保、創新科技和檢測及認證。惟十年來發展一直未見明顯起色，六項產業佔本地生產總值的百分比，只從 2008 年的 7.4% 稍微提升到 2018 年的 9%；就業人數雖然由 39 萬人提高到 50 萬人，但佔總就業人口比例僅從 2008 年的 11% 提升到 2018 年的 13%[38]。在六項產業中，只有文化及創意產業錄得明顯的增長和僱用最多從業員。

圖 12：六大優勢產業佔本地生產總值的百分比

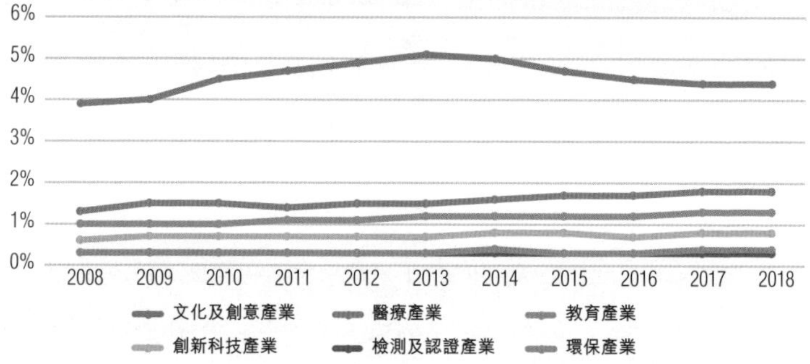

資料來源：根據政府統計處數據整理。

---

38 政府成立的經濟機遇委員會曾發表報告，指六項優勢產業各自面對不同的挑戰，例如，文化及創意產業的發展一直集中於少數界別；環保產業和檢測及認證產業面對本地市場規模細及研發投資額偏低的問題；醫產業及教育產業在滿足本地需求和行業發展兩者之間難以取得平衡；創新科技產業的發展同樣因為公私營機構研發投資額偏低而駐足不前。

圖 13：六大優勢產業的就業人數及佔比

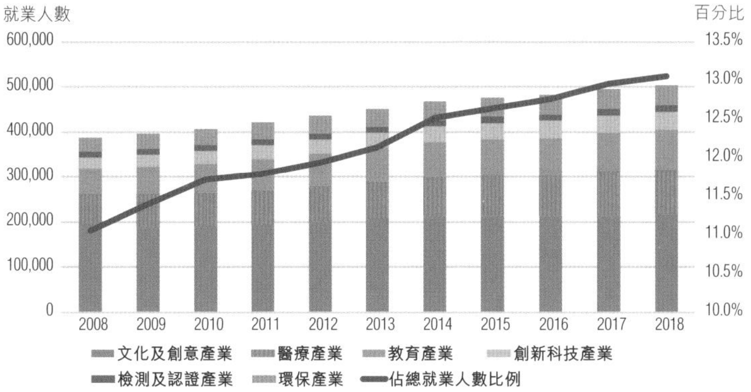

資料來源：根據政府統計處數據整理。

總體來看，回歸以來，香港經濟雖一直在增長，但一直未找到新的發展動力、未能為年輕人創造多元化的就業選擇，反而結構日趨集中，年輕人的路愈走愈窄。生活在「二號香港」中的大多數人不但未能充分享受經濟發展的成果、「獲得感」缺失，甚至生活境遇劣化、發展前景渺茫 —— 其原因，正是前文所述的這些結構上的問題。

不過，這些結構性深層次矛盾的形成並非一朝一夕，而是經歷了數十年的積累。下章將深入探討香港這些結構性矛盾形成的根源。

本章小結

過去幾年，香港在經濟民生層面的各種困境日趨明顯，包括日益擴大的貧富差距、萎縮的中產階級、100萬貧窮人口、階層流動日趨停滯等等。這些，雖不能說是香港近年本土意識膨脹、社會出現大風波的全部原因，卻也是無法迴避的重要根源。

但是，就在本地經濟民生出現困境的同時，全球資本、企業和精英階層實實在在以腳／錢投票，支撐起香港作為區域資本流通平台、全球離岸人民幣樞紐、「超級聯絡人」、富人天堂等等角色；香港作為世界城市之一，長期在多項國際排名上位居前列，在全球化中佔據一席之地。香港這個小地方，以驚人的國際能量，書寫了「紐倫港」的傳奇。

這截然不同的「一號香港」和「二號香港」、平行時空中兩個沒有交集的世界，其實都是真正的香港。「香港是一本難讀的書」；認清其一體兩面，才真正讀懂了香港。

兩個香港的現實，其背後是香港的經濟深層次矛盾，即產業結構的單一化、兩極分化及低端化；就業結構的兩極化、劣質化；過度的金融化、地產化；新發展動力難以形成等等深層次矛盾。這些結構層面的深層次矛盾，造成了「二號香港」競爭力的下滑、就業選擇範圍縮小、上升

通道收窄、階層日益固化、收入與樓價距離日漸拉大，兩個香港之間的裂縫因而不斷擴大、加深，成為不可跨越的財富和階層鴻溝，民怨因而不斷積累，矛盾和衝突日益激化。而這一切的形成並非一朝一夕之事，可以說香港沉痾早已深重，衝突的激化本是遲早的事，並非所謂的「黑天鵝」。

二

兩個香港的
形成及撕裂

過去 20 幾年間，由於一系列深層次矛盾，香港裂變成了平行時空中沒有交集的「一號香港」和「二號香港」；而這個裂變的過程，與全球化的發展和演變、中國的快速崛起、香港的轉型及其在全球經濟中的角色轉變息息相關。

2.1 超級全球化的出現及影響

　　全球化自二戰後快速推進，並自 1970-1980 年代開始進入了一個新的發展階段。一方面，佔全球 1/5 人口的中國開始改革開放，朝着市場化的方向演變，並積極參與到全球化當中，對全球生產和貿易體系的影響日漸擴大，為全球化提供了極大發展動力。另一方面，在美、英等發達國家，新自由主義（neoliberalism）或者說市場必勝主義（market triumphalism）思潮在這一時期興起，並逐漸成為社會的主流話語，其核心內容就是市場、貿易、投資的自由化。在美國列根（Ronald Reagan）政府及英國戴卓爾（Margaret Thatcher）政府的領頭下，西方發達國家開始改革，進一步放鬆市場管制，在很多範疇啟動私有化，國家逐漸退出社會供給，為資本鬆綁，推動金融自由化、匯率自由化，並通過 WTO、IMF、世界銀行等國際機構，推動全球範圍內的經濟、貿易、投資自由化。

　　西方的這一套思路，不但有自由市場經濟理論的支撐，在政治上亦有其企圖，即通過資本和貿易的全球化，在全球範圍內推動自由市場經濟體制，從而推動廣泛的、以西方價值觀和政治體制為藍本的改革，從而讓西方的制度主導世界。

　　新自由主義和市場必勝主義的實踐，讓全球化進入了一個全新的大發展階段。此前的全球化以商品貿易的全球

化為主，企業的生產活動相對局限在一個地方，而其生產的貨物通過全球貿易網絡賣到全球，FDI（Foreign Direct Investment，外資投資）和資本跨境流動規模相對而言並不大。這一階段的全球化可看成一種淺層的全球化。

而自 80 年代開始，在新自由主義的推動下，資本開始大規模跨境流動，全球 FDI 開始快速膨脹，商品貿易的全球化走向了資本流通的全球化。這一階段，企業不再局限在其原本的基地，而是通過跨境投資，將生產線或者服務轉移到更具成本效益、或更接近消費市場的地方，建立了跨國的生產和銷售體系，成為了真正的跨國公司。

這種模式之後更進一步發展，企業將整個供應鏈拆解成一個個環節，分別佈局在全球最有利的地方，再整合起來，從而達到最佳的整體成本效益。有些企業甚至僅僅保留如品牌管理、設計研發、營銷等少部分核心功能，甩掉生產、採購等非核心的功能，將其外包給外部的企業；無數的企業通過橫向整合，形成了全球供應鏈系統。在這個過程中，跨國公司急速增長，並在全球範圍擴展他們的版圖；他們在全球追逐低成本的生產基地和高額回報，帶動了資本、就業、產業在全球流動，成為了全球價值鏈的控制者和全球化最重要的驅動力量。

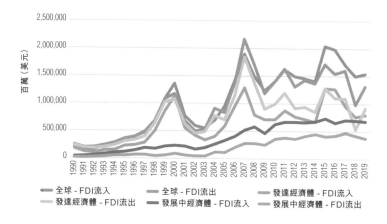

圖 14：全球外國直接投資（FDI）數據（1990-2019）

資料來源：聯合國貿易和發展會議（United Nations Conference on Trade and Development）。

　　自此，全球化的模式和深度發生了很大的轉變，為全世界帶來了極為深遠的影響。在全球流動的，不再僅僅是最終產品，還包括資本、生產設備、產品設計、技術、中間產品、各種生產性服務、就業崗位、乃至行業和產業。與之前的商品貿易全球化相比，這一階段的全球化大大拓展了其縱深和範圍，被稱之為「超級全球化」（hyper-globalization）。

超級全球化是雙刃劍

　　超級全球化的發展，的確給世界帶來諸多益處。例如，技術、產業的轉移帶動世界後發展地區融入全球供應鏈，大大加快了其工業化、現代化的進程；跨國公司全球配置供應鏈，利用各地比較優勢，實現了整體成本更低、

效率更高，消費者也得以享受更便宜的產品；全球產業分工和跨境貿易大大加深國家之間的依存度，有效地遏制了大規模戰爭的出現。冷戰結束後，全球化愈來愈被視為不可逆轉的潮流，而反全球化的人多被視為「政治不正確」，往往會被貼上「貿易保護主義者」、「左翼人權分子」等標籤。

然而，超級全球化的後果，並不僅僅只有美好的一面。在高歌猛進數十年後，其弊端逐漸顯現，並在 2008 國際金融危機中集中爆發。我們不妨以世界頭號大國美國為例，來看看全球化的另一面。

從美國案例看全球化的利弊

世界頭號大國美國及其主導的 WTO、IMF 等國際機構是這一波超級全球化的直接推手。很多人認為，作為全球化規則的主要制定者，且擁有最多、最強的跨國公司，美國從全球化中獲利最多，因為利潤大部分由美國跨國企業獲取，且高端就業或留在美國本土或留給美國人，美國產業因此轉向了高端化。

表面來看的確如此。但讓人難以理解的是，過去 20 年來，伴隨超級全球化的發展，美國出現了嚴重的社會問題，那就是急速擴大的貧富差距：貧者愈貧、富者愈富。美國跨國公司全球擴張、賺得盆滿缽滿的同時，其本土出現了就業減少和劣質化的趨勢，中產階層收入大幅下降，導致中產塌陷、階層固化、社會流動性急降，貧富嚴重分

化、代際鴻溝擴大。原因何在？

　　深入辨析便可看出，在跨國公司的全球運作中，獲益的是全球逐利的美國資本家、與其共謀的華爾街、以及能勝任高端職位的精英階層，而非美國勞動人民。超級全球化下，資本自由流動，推動了就業和產業轉移——發達國家生產成本高，往往將製造環節，乃至很多服務環節從本國遷移到更低成本的國家，跨國公司獲得更低的成本、更大的市場。但同時，作為主要的資本、產業輸出國，隨着實體產業大量出走，本國因此出現產業空心化、就業流失的現象，不少勞動力繼而轉向了消費性服務業。消費性服務業（如餐飲、理髮、維修等等）往往依賴消費者與服務提供者接觸，因此無法轉移出去。不過，這類服務業增值不高，而且不少是按小時或按週付酬，薪酬、福利、就業穩定性、發展前景均大大降低。原先實體經濟中的中層和基層人口，在去工業化後面對巨大的不確定性，而且目前的發展趨勢讓很多人認為下一代會比自己過得更糟。尤其是底層白人，喪失了原先的工作機會，不得不轉向其他低薪、不穩定工作，同時又面對願意接受更惡劣工作條件的移民的競爭，若有所怨言，又會被指責為種族主義，在社會中積累了愈來愈深的怨氣。

　　由此可見，全球化、自由貿易、對外投資是雙刃劍，各國既得其利，亦蒙其弊。經濟學原理對自由貿易的肯定，需附加一個前提，那就是將全球視為一個整體，也就是說，自由貿易會帶來全球總體福利的增長。然而，在現實中，自由貿易的福利並非在不同國家之間，以及國家內

部不同階層之間進行均分；對作為主要資本、產業輸出地的發達經濟體而言，跨國公司和精英階層大幅受益，但實體產業流失卻讓很多人付出了代價。

不過，自由貿易和全球化的這些弊端，過往的經濟學教科書並未有清晰、系統的預測和分析，而世界各國，包括美、歐等發達經濟體，也從未系統地在政策層面為應對這些弊端作出準備，以至今日弊端凸顯，反全球化浪潮湧現。

全球化下的「兩個美國」

正是在全球化這把雙刃劍的作用下，美國出現了嚴重的兩極分化，形成了「兩個美國」；如同兩個香港之間的撕裂和落差，兩個美國之間的鴻溝同樣日益擴大。

下圖是美國富有家庭與貧窮家庭的收入增長速度對比。收入最高之 5% 的美國家庭，其收入中位數的升幅自 80 年代末期開始拋離其他家庭，除了曾因為金融風暴而短暫放緩外，升勢從未停止。而收入最低的 40% 的家庭，其收入中位數「相當穩定」，幾十年來變化極少，在扣除通脹等因素後，基本上停滯不前，甚至出現減少，與最高收入的家庭之間的差距急速擴大。

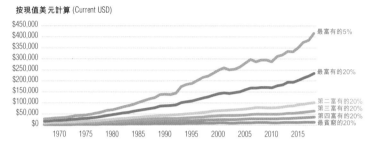

圖 15：美國家庭收入中位數（1967-2018）

按現值美元計算 (Current USD)

資料來源： Tax Policy Center, Urban Institute & Brookings Institutions,
整理自美國人口普查局（US Census Bureau）。

　　下圖顯示，美國富有家庭收入佔總體家庭收入的比重
快速上升。從 1967 年至 2018 年，最富有的 20% 的家庭，
其收入佔比從 42.6% 上升至 52%；若考察最富有的 5%、
甚至 1% 的家庭，其佔比的增幅會更加驚人。

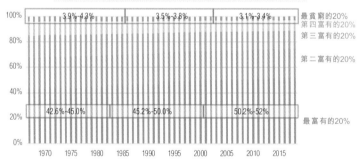

圖 16：美國家庭收入分佈佔比（1967-2018）

資料來源： Tax Policy Center, Urban Institute & Brookings Institutions,
整理自美國人口普查局（US Census Bureau）。

　　Piketty et al（2016）認為，人口普查局以家庭為調查
單位並不夠準確，因為家庭收入會因家庭成員增多而上

升，故選用 20 歲以上的成年個人為單位。他們整理人口普查局的數據後指出，自 1980 年開始，美國收入最高 1% 與最低 50% 的人士，其收入佔比呈相反走勢；前者收入佔比從約 11% 攀升至 2018 年的 20.5%，升幅近 1 倍；後者的收入佔比由 20% 一直減少至 2018 年的不到 13%，兩者之間的對比可謂觸目驚心。

圖 17：美國收入最高 1% 與最低 50% 的人士，
收入佔總收入比例

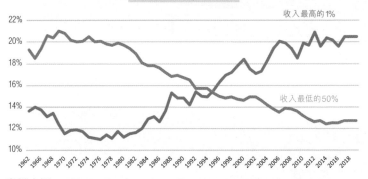

資料來源： Piketty, Thomas; Saez, Emmanuel and Zucman, Gabriel (2016). Distributional National Accounts: Methods and Estimates for the United States, 整理自美國人口普查局（US Census Bureau）。

　　根據美國人口普查局公佈的數據，從 1967 年至 2018 年這差不多 50 年間，美國的堅尼系數一路攀升，從 0.397 上升到 0.486，處於甚高水平；家庭收入中位數有所增長，但增幅很低，扣除通脹因素，增長相當有限（圖 18）。

家庭收入堅尼系數
(Income Gini Ratio for Households)

美國家庭實際收入中位數
(Real Median Household Income)

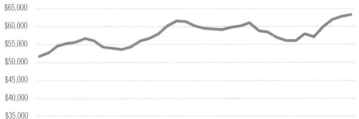

資料來源： FRED, Federal Reserve Bank of St. Louis, 整理自美國人口
普查局（US Census Bureau）。

　　可見在超級全球化下，兩個美國之間的巨大落差，與
前文闡述的兩個香港的現實，何其相似！

製造業空心化的連鎖效應

　　在超級全球化的最初階段，發達國家將製造業低端
生產環節轉移到勞動力和生產資料便宜的發展中國家。

但是，隨着發展中國家工業化、現代化的進程，轉型和升級無可避免。跨國公司的轉移（offshoring）和外包（outsourcing）逐漸擴展到供應鏈條上的其他需要更高技能、更複雜的生產環節。例如，從 2000 年開始，跨國公司如 GE、IBM 等等到中國設立研發中心已經蔚然成風，並帶動了愈來愈多的跟隨者，紛紛在中國設置科技研發、產品設計等功能。雖然這些跨國公司的總部仍然保留在美國，最核心的工作包括管理、品牌、核心研發等仍然留在美國，但製造業已經整體出現了空心化。下圖可見，美國製造業附加值佔 GDP 的比重，由 1997 年的 16.1%，一直收縮至 2019 年的 11%。

圖 19：美國製造業附加值佔 GDP 的比重

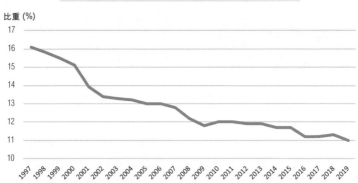

資料來源：根據美國經濟分析局（US Bureau of Economic Analysis）數據整理。

　　隨着製造業流失，貿易逆差逐年惡化。美國在 1970 年代開始從貿易順差國變成逆差國，貿易赤字從 1971 年的約 20 億美元，快速上升到 2019 年的 8,643 億美元。

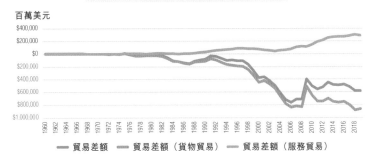

圖 20：美國貿易數據（1960-2019）

百萬美元

貿易差額　　　貿易差額（貨物貿易）　　　貿易差額（服務貿易）

數據來源：International Trade, Economic Indicators Division, 整理自美
國人口普查局（U.S. Census Bureau）。

表面上看，美國在貨物貿易出現大幅逆差的同時，服
務貿易錄得明顯順差增長，2019 年服務貿易順差為 2,874
億美元。不過，深入去看，服務貿易與貨物貿易有本質
上的不同，涵蓋四種不同的提供方式[1]，並不是順差愈大愈
好。例如，服務出口的其中一種模式，也是最主要的模
式，便是到海外設立商業據點。這必然涉及資金、技術、
知識的輸出，甚至可能帶來就業和產業向外轉移，企業或
許受益，但總體經濟及勞動階層未必受益，甚至可能付出
代價 —— 前文分析 FDI 的利弊時已探討過。

2016 年 3 月，上屆美國大選前夕，美國著名企業家、
英特爾前 CEO Andy Grove 去世。隨後，他在 2010 年發
表的一篇名為 "How America Can Create Jobs"（美國應怎

---

[1] 服務貿易四種模式包括跨境服務、境外消費、設立商業據點、自然人
　　呈現。

樣創造就業）[2] 的文章重新在網絡廣泛流傳。該文深刻剖析了美國面對就業困境的根源，那就是對製造業價值，以及對全球化所帶來的破壞性的嚴重低估，在十年之後的今天，依然具有巨大的啟發意義。

Andy 認為，美國經濟競爭力下滑、缺乏就業機會，尤其是中層就業萎縮，本質是美國多年來在發展理念和政策層面的巨大錯誤使然，是美國對製造業的價值的嚴重低估使然。在全球追捧的加州矽谷，投資者和創業者不斷湧入。但事實上，矽谷強大的革新機器並未為美國人創造太多的就業機會 —— 在文章發表的 2010 年，矽谷所在的灣區的失業率甚至比美國全國平均失業率更高。原因何在？

Andy 認為，車庫中的發明創新非常重要，但新技術從雛形到大規模生產同樣重要。可今天，科技產業規模生產的過程已經不再在美國發生。美國公司將他們的製造業務，甚至工程師工作都轉移到成本更低的海外，企業利潤提升立竿見影，但美國的就業機器卻開始空轉。如果延續這種模式，無論矽谷的公司得到多少資本的投入，無論創造出多少新科技成果，美國就業都難根本改觀。

Andy 在文章中提出的一個看法尤其發人深省。他指出，很多人認為，高附加值的工作和大部分利潤都留在了美國，因此增值沒那麼高的就業機會流到海外也沒甚麼可

---

2 Andy Grove, "How America can Create Jobs", Bloomberg Businessweek，
參見：https://transmosis.com/andy-grove-how-america-can-create-jobs/。

怕。但是，這種趨勢持續下去，美國將會變成一個由從事高附加值工作的高收入人羣、無法轉移的低端就業人羣及失業人羣構成的社會 —— 其結局便是貧富分化，甚至可能引致階層斷裂、對立。前文引述的數據，已清晰印證了 Andy 十年前的預言。

由此可見，美國能否真正扭轉危機，關鍵並不在於矽谷出現多少間有潛質的初創公司，也不在於蘋果能否保持全球領先優勢。若美國延續目前這種「本土研發，境外生產」的模式，以及矽谷企業研發出來的創新意念絕大部分都拿到海外商品化、作規模化生產，那美國勞動階層和老百姓始終無法從中受益。即使本土再多幾個蘋果這樣的企業，亦難扭就業頹勢，難以改善兩極分化、階層斷裂的趨勢。

「資本霸權」的崛起

超級全球化帶來收入兩極化的同時，催生了「資本霸權」的形成。在超級全球化出現以前，資本家和勞工兩者之間有着既對立、又相輔相成的關係，誰也離不開誰。工人組成工會，與資本家談判，為自己謀取利益。在很多時候，雙方通過博弈，大致能維持平衡。

然而，超級全球化的出現使得資本和勞工之間的博弈從此在天秤上失衡，因為全球化賦予了資本最具殺傷力的武器，那就是可以決定就業的地理位置、決定全球價值鏈的分工。一言不合，資本家就可以關門、撤資、轉移；工

人與資本家之間的博弈，轉變成了由資本家控制的、不同國家之間的工人之間的競爭。

　　從 1970 年代後期開始，美國本國工人失去了談判的籌碼，工會組織所推動的一系列保障勞工權利的法案，都未能在國會通過，工會對工人的價值，也因此大大降低。數據顯示，在私營或公營機構登記成為工會會員的人數比例一直下跌，從 1979 年高峰期的 24.1%，大幅下降至2019 年的 10.3%。有分析指，相較歐洲，美國勞工團體一直以來未與政黨建立緊密的關係，而政府的角色也不是勞工的伙伴，因此工會沒有足夠的政治能量與僱主抗衡。

圖 21 ：加入工會的僱員比例（1973-2019）

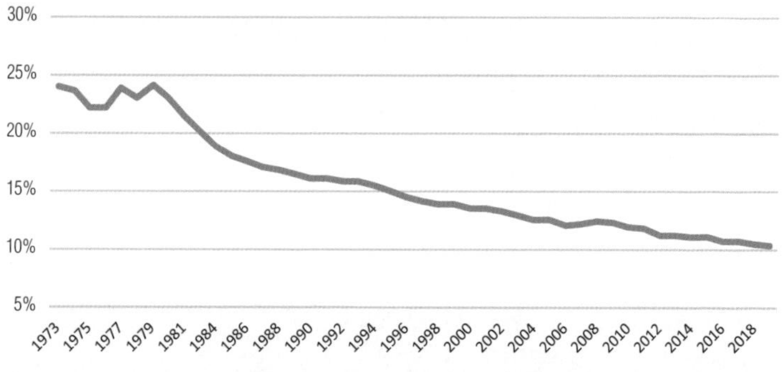

資料來源：美國工會會員和覆蓋數據庫（The Union Membership and Coverage Database），https://www.unionstats.com/。

　　伴隨資本的壟斷地位的出現，經濟出現過度金融化的趨勢。財富成為賺取收入的最有力的工具，工資增速遠不及資本本身增值的速度，擁有資本的人對經濟的壟斷性不斷增強。美國聯邦儲備系統在 2016 年進行的消費者財務

年度調查顯示，最富裕 1% 的美國家庭，其財富佔全國總財富的比例由 2004 年起穩步上升，到 2016 年達 38.6% 的新高。其次富有的 9% 家庭，其財富佔比自 1995 年起也一直增加，直至 2010 年攀升到約 40% 後才開始回落，至 2016 年降至 38.5%。其餘 90% 的家庭，其財富佔比在過去 25 年一直收縮，由 1989 年的 33.2% 減少至 2016 年的 22.8%。

圖 22：美國家庭財富佔比（1989-2016）

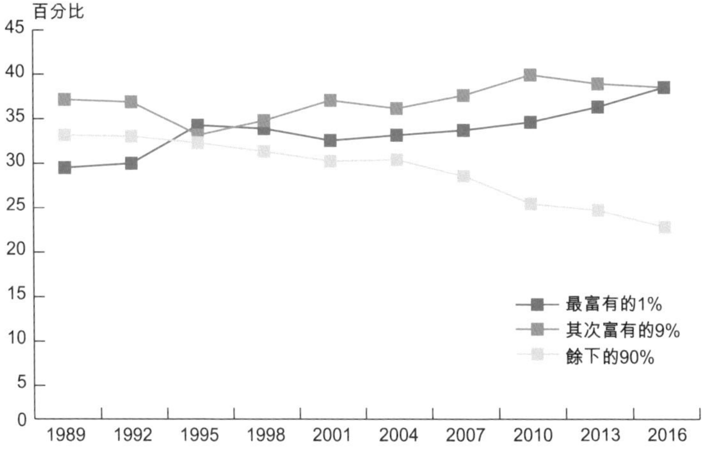

資料來源：美國聯邦儲備系統 —— 消費者財務年度調查（2016）（Survey of Consumer Finances by the Federal Reserve System）。

傳統經濟學理論失靈

在上述趨勢下，美國中產階級收入下降、規模萎縮，窮人規模快速擴大。教科書上描寫的自由經濟、全球貿易

的美好前景，成為了泡沫。零工經濟被中下階層視為「騙局」，很多人因為不滿和絕望，甚至退出了勞工市場，導致美國的勞動參與率在過去 20 年來不斷下降。因此，單看失業率和就業收入數據，並不能反映出就業市場的全面情況。

圖 23 ：美國勞動參與率變化 (2000-2020)

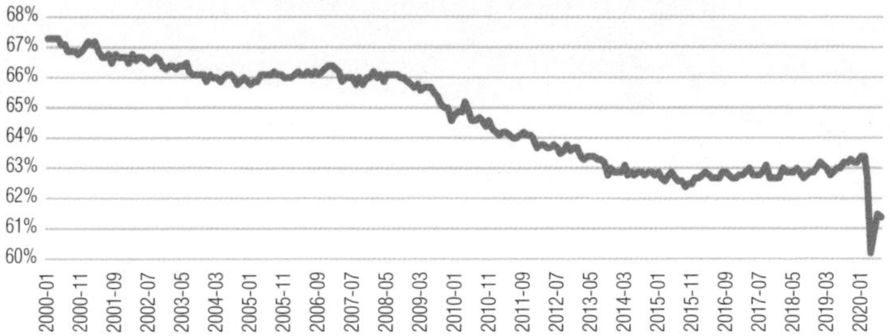

資料來源：美國勞工統計局 (US Bureau of Labor Statistics)。

　　而「涓滴效應」並沒有在多大程度上改善基層美國人的處境。此外，很多經濟學家愛引用一個說法：製造業轉移到更低成本地區，美國消費者享受了海外勞動力生產的廉價商品，「一條牛仔褲的價錢和 20 年前一樣」。可是，用失去工作作為代價，換來更便宜的商品，對美國工人來說，這划算嗎？更別說因為整體產業的流失，造成社區的崩塌和城市的衰敗。J.D. 萬斯在 2016 年出版的《下人的悲歌》一書，便描述了美國鐵鏽地帶上衰落的社區和生活在其中的藍領階層的絕望困境[3]。這本書出版後迅速成為紐約時報暢銷書，被《時代》周刊列為「六本能幫助眾人理

3　J.D.Vance，2016，Hillbilly Elegy。

解特朗普為何會贏的書籍」之一[4]，並在之後拍成了電影。全球化的另一面，包括美國鐵鏽帶的凋零景象、生活在其間的瀕臨絕望的社會底層，在這本書中揭露得淋漓盡致 —— 而這些，在經濟學教科書中是見不到的。

矽谷投資人、全球暢銷書《從零到一》(*Zero to One*)的作者 Peter Thiel 曾有一個演講，被廣泛譽為「可以載入教科書」。Peter 在演講中指出，經濟學原理認為自由貿易讓人人受益，而這一說法事實上是「自由貿易的泡沫」(trade bubble)。Peter 認為，自由貿易並沒有惠及所有美國人，反而讓美國空心化，失去了成千上萬的工廠和數以百萬的工作，讓很多城市的核心區域淪為廢土，而受惠的只是金融財閥和精英階層。政策制定者們喜歡自由貿易，因為他們自己是贏家。[5]

全球化下移民帶來的衝擊

超級全球化下，除了資本、就業、產業全球流動，人的流動性亦大大增強。美國是個移民國家，每年有無數人通過合法或非法渠道，到美國尋求美國夢。自 1970 年代至今，美國人口中出生於墨西哥的人數大幅上升，至今已超過 1,000 萬人 —— 而這僅僅是合法統計的數量。有估算指出，加上非法移民數量，估計達到 2,000 萬人。

4　"6 books to help understand trump's win"。

5　Text of Peter Thiel speech on Trump and the "crazy condition of our country", see https://www.mercurynews.com/2016/10/31/peter-thiel-on-trump-and-the-crazy-condition-of-our-country/。

圖 24：在墨西哥出生的美國人口及其在移民總數中的佔比

資料來源：移民政策研究所（Migration Policy Institute），整理自美國
人口普查局（US Census Bureau）。

美國民調研究機構 Pew Research Center 整合學術資料及官方人口普查局數據，在 2015 及 2016 分別發表了關於美國人口發展趨勢的預測。美國自從在 1965 年通過了《移民和國籍法案》後，到 2015 年的 50 年間，已經接收了近 5,900 萬名新移民，外地出生的人口佔總人口的比例由不到 5% 攀升至近 14%。Pew Research Center 預料，到了 2065 年，外地出生的美國新移民佔總人口比例將達 17.7%；2015 至 2065 年間，88% 的新增人口將由新移民組成。同時，1965 年以來，美國的種族（racial）和民族（ethnic）結構變得更多元，而這個趨勢將長期持續。以亞裔和西班牙裔為主的新移民及其後代，成了驅動人口增長的主引擎，預計到了 2055 年，美國白人的人口佔比將降至 50%，並將在 10 年後減至 46%，少於一半。

經濟上升週期，移民對美國這個「大熔爐」來說沒有

帶來大的問題，但在過去 20 年，實體產業逐漸空心化、產業工人轉向零工經濟，大量願意接受更低薪、更少福利的移民湧入無疑讓底層白人境況更糟。此外，低技能移民更為依賴福利，對社會資源帶來極大負擔，亦讓納稅的中產心有不甘。加上文化、宗教上的衝擊、犯罪問題等等，種族之間的矛盾亦因此激化。2016 年特朗普當選，很大程度上亦是因為迎合了中低層白人的需求，抓住了墨西哥移民這一痛點。

美國是全球化的受害者？

究其實，全球化是一把雙刃劍。不過，美國、歐洲作為資本和產業的主要輸出者，由於未能妥善處理全球化的弊端，在經濟層面受到的衝擊似乎更為明顯。2011 年，美國發生「佔領華爾街」運動，1% 的高收入人羣與其餘 99% 的人之間的矛盾被引爆，憤怒的羣眾吶喊「我們是 99%」（We are the 99%）。很多人從中產滑落至底層，產生財富「被剝奪感」，階層矛盾不斷上升，保護主義和民粹主義抬頭。甚至有中國學者認為「美國自身其實是全球化的最大受害者」[6]。

全球化所推動的貧富鴻溝，亦與年齡息息相關。在過度金融化的社會，資本增值遠高於工資增長，年長一輩因有一定的資本積累，更易從中獲益。年輕人一無所有，處

6　習大明，「全球化的最大受害者其實是美國」，2016 年，參見 https://www.sohu.com/a/78690817_137204。

於劣勢。數據顯示，30 年前，西方國家的年輕人賺取的收入普遍較社會平均水平為高，而今卻較社會平均水平低 20% 左右。與之形成鮮明反差的是，在過去數十年，領取退休金的老人們的可支配收入，遠高於年輕人的收入增幅。英國《衛報》的一項收入調查亦顯示，在西方社會，「Y 世代」（生於 1980 至 1990 年代）與「X 世代」（生於 1960 至 1970 年代）之間的財富鴻溝愈發巨大，年輕人的失業率大大高於整體失業率。在情況最嚴重的西班牙、意大利等國，25 歲以下年輕人失業率徘徊在 50% 左右，成為失落的一代。對正需要安家置業、娶妻生子的年輕一代，這樣的現實無疑非常殘酷。

逆全球化的浪潮

就是在這樣的背景下，全球（特別是發達國家）開始向右轉，出現了抵制全球化的浪潮。2016 年 3 月，英國經濟學人智庫（The EIU）曾列出當年全球十大風險，特朗普當選美國總統、英國脫歐公投均在其中。最終，當年美國大選的結果和脫歐公投的結果震驚世界，充分顯示了西方民眾對當今全球經濟體系的不信任；無論是美國還是歐洲，都沒有預計並處理好全球化對他們的衝擊。

事實上，不止英、美兩國，反全球化、反精英主義、反移民的右翼民粹政治在全球多個地方崛起，價值觀、政治和經濟立場與特朗普類似的國家首腦在多個地方出現，「特朗普化」成為了趨勢。2020 年，因疫情這隻黑天鵝，特朗普最終未能連任。但如同《時代》周刊所言，新上任

的拜登，面對的是一個特朗普的美國[7]。

美國危機與香港困境

對比上文所述的「兩個美國」與第一章中的「兩個香港」，可以看出，香港的困境，與美國有諸多相似之處。作為一個小型經濟體，香港深度參與全球化，其崛起、繁榮得益於全球化，而目前遭遇的困境亦與全球化息息相關，並也被逆全球化的浪潮挾裹其中 —— 本土意識近年在香港冒起，其本質上便是逆全球化浪潮在香港的一種體現。這些，後文將詳細論述。

過去這幾年，特朗普領導下的美國走上了右翼民粹主義的道路，各種「退羣」的操作，並企圖與中國脫鈎，扭轉全球化的發展趨勢。2020 年的美國大選，特朗普最終敗選，但是美國已經難以回到從前。資本主義制度必然要走上調適，全球化的發展也已邁上了新的路徑；百年大變局，已經徐徐展開。每一個經濟體，包括香港，都必須審時度勢，尋找自己的發展道路。

7 Molly Ball, "Even If Joe Biden Wins, He Will Govern in Donald Trump's America", November 4 2020, *Time*, see https://time.com/5907546/america-divided-2020-election/。

2.2 香港三次既成功又失敗 的轉型

　　全球化、自由貿易、對外投資是雙刃劍，參與其中的各個經濟體既得其利，亦蒙其弊。香港這個從開埠起便在國際貿易洪流中沉浮的小型經濟體，其發展和演變無疑都與全球化息息相關。

　　二戰之前的香港，一直作為英國開展中國貿易的一個轉口港而存在，未曾出現過大的功能轉變。為方便貿易和營商，英國人在香港實施自由港政策，鼓勵商品、資本、企業自由流通，在經濟其他範疇採取自由放任的態度。香港成為了一個為英資服務的流通平台，一個連接中西方的轉口貿易港。

　　二戰結束後至今，香港經歷了幾次重要的經濟轉型，大致可分為三個時期。由於捕捉到了全球市場包括內地的需求變化和發展趨勢，這幾次轉型可謂成功，香港一步步成為國際貿易樞紐和金融中心，建立起了今日之國際優勢。這些，很多書籍和研究報告都已經描述、總結，讀者耳熟能詳。

　　然而，我認為，香港的這幾次轉型可謂既成功又失敗。在自由放任及後來「積極不干預」的管制模式下，這三次轉型基本上都由市場自發推動，缺乏有遠見的宏觀策

略和自上而下的引導措施，幾次轉型均有失敗的一面，為今日香港畸形的經濟結構和深層次矛盾埋下了根源，並導致了香港經濟層面的撕裂——這失敗的一面，尤其值得我們今日去回顧和反思。

第一次轉型（1949-1980）：
「難民」心態下止步於初級工業化

香港的第一次轉型發生在 1949 年至 1980 年。二戰後的頭幾年，香港恢復了轉口港功能，更成為外資與中國開展貿易的唯一據點。但冷戰開始以及聯合國 1951 年開始對新中國實施禁運，直接打擊了香港的轉口貿易。雖然這之後數十年間，香港一直是中國連接世界的唯一據點，產品出口和外匯來源都依賴香港，但貿易總量一落千丈，香港必須另謀出路。

此時，製造業成了香港的選擇。一方面，1949 年，大量企業家和難民從內地湧入香港，為香港製造業的起步提供了條件；另一方面，香港享有英聯邦特惠稅[8]，在出口方面享有一定的有利條件。此外，60 年代日本開始向外轉移勞動密集型產業，香港成為承接轉移的地點之一。在這三大因素推動下，以出口為導向的加工製造業開始在香港快速擴張。1970 年，製造業成為香港的第一大產業，

8　英聯邦特惠稅（Imperial Preference）是英國實施的一種舉措，於英帝國屬地範圍建立一個特別貿易區，對區內原產的製品給予入口優惠，所有外來產品則須繳付關稅。該制度大約始於 1900 年代，於 1977 年廢除。

對 GDP 的貢獻超過三成，對就業的貢獻超過四成，港產品出口遠超轉口，香港從轉口港轉型成為了一個外向型輕工製造業中心和出口基地。到 1980 年中國開始改革開放時，香港生產的十大消費品佔據全球出口第一位。

由於工業化的奇蹟，香港開始邁入高收入地區，崛起成為亞洲四小龍之首；同時，本地工業和出口的發展，亦帶動了貿易、物流、金融，以及相關的生產性服務業的發展，使香港產業日漸豐富，也為之後成為貿易樞紐和金融中心奠定了基礎。

表 8：香港生產總值的產業份額分佈（1950–1980）（%）

產業	1950 – 1960	1960 – 1970	1970 – 1980
初級產業：			
1. 農業及漁業	3.4	2.6	1.3
2. 採礦及採石	–	0.2	0.1
第二級產業：			
3. 製造業	15.5	30.9	27.4
4. 建築業	5.5	9.8	6.4
5. 電力、煤氣及食水	1.6	2.2	1.5
服務性產業：			
6. 運輸及通訊	12.2	11.3	7.3
7. 貿易及金融	25.6	37.6	42.5
8. 其他	36.2	5.4	13.5
總計	100.0	100.0	100.0

資料來源：莫凱，《香港經濟的發展和結構變化》，三聯書店（香港）有限公司，1997 年。

然而，有兩個因素，使香港的這次工業化過程停留在勞動密集型的輕加工層面，也就是初級工業化的層面，未能進一步轉型升級。其一，當時，香港人的主體以從內地逃難來此的人羣為主，香港於他們而言，只是一個暫時的落腳點；而香港作為英國殖民地，前途也一直未確定。在這個「借來的時間，借來的地點」，香港人有一種「難民」心態，只思考眼前的需求和短期的利益，傾向於迴避長期的發展問題 —— 這種難民的短期心態影響深遠，延續至今。而工業化的轉型升級，需要長遠的戰略思考和長期投入，與「難民」心態下的短期取態並不符合。

　　其二，香港在英國的整個屬地版圖中，是一個單純的經濟據點，主要的功能僅僅是為英國在亞洲的商業運作提供服務，因此有着濃重的重商主義文化。港英政府一直在港實施自由放任的自由港制度，並不多思考香港的長遠策略、未來路向。這種思路後來逐漸轉型為「積極不干預」的管治模式，政府雖會為促進營商活動提供各種服務，卻不做長遠的經濟發展規劃，不主動引導、塑造經濟發展的未來。

　　基本上，政府和社會兩方面都不會去思考長遠發展的戰略和方向。因此，香港在工業化發軔之後，始終缺乏內部的力量，去推動製造業從初級生產走向更高技術技能、更高價值的環節，實現轉型升級，而是一直依賴低成本模式參與全球競爭。到 1970 年代末，隨着生產成本迅速攀升，香港已愈來愈難與新加坡、台灣、韓國等周邊的國家和地區競爭，工業發展進入瓶頸期，已經難以為繼。

第二次轉型（1980-2000）：
成就貿易物流金融中心，同時出現實體產業空心化

　　1980-2000 年，香港經濟進入了新的發展階段。內地1980 年開始的改革開放，給了香港一個從天而降的突破製造業發展瓶頸的機遇。香港企業家在臨近的珠三角地區，找到了一個文化相近、語言相通，同時生產成本更低、土地和人口規模比香港大無數倍的生產基地。香港廠商將製造業的生產環節搬遷到珠三角，並顯著地擴大生產規模，同時將這條供應鏈上的接單、管理、貿易、物流、金融等環節保留在香港，從香港離岸地為內地的製造服務。

　　這種「前店後廠」的垂直分工模式，讓香港廠商獲得了極大的成本和規模優勢，之前面臨的瓶頸得到突破。而香港的服務業在與製造環節分離後開始專業化發展，實現了質和量的飛躍，香港逐漸從一個輕工製造業中心，轉型成為為港粵兩地的跨境生產體系提供服務的離岸生產性服務業基地，及為中國製造的產品流往全球的貿易和物流基地，承擔包括生產管理、市場行銷、資金籌集、貨物調配、全球貿易等等功能，因而成為了全球貿易、物流、金融中心，在全球價值鏈體系中的功能得到顯著提升。與此同時，香港製造業的大舉進入，帶動了珠三角地區的工業化和市場化，協助內地整合進了全球的供應體系當中，開啟了中國參與全球化的進程。

　　在這個過程中，製造業快速從香港轉移至內地，本地

製造業增長速度迅速下滑。1980 至 1997 年期間，香港本地生產總值的年平均增長率一直維持頗高的增長速度。相對而言，製造業總產值的年均增長率則由 1980 至 1986 年之間的 12.5% 下跌至 1986 至 1992 年的 6.5%；1992 至 1997 年的增長率更變為負值 (-4.1%)，顯示製造業在香港經濟的重要性快速下滑 [9]。

增速下跌的同時，製造業在香港整體經濟中的比重同時急跌，從 1970 年代高峰期佔 GDP 超過三成，下降至 1990 年的 18%、2000 年的 5%、2010 年的 1.8%。2018 年，製造業在經濟中的比重僅為 1%。與此同時，服務業在香港經濟中的比重開始快速攀升，從 1970 年的 60%，上升至 1980 年的 68%、1990 年的 75%、2000 年的 87%、2010 年的 93%。2018 年，服務業在香港經濟中的比重達到 93.1%。

表 9：香港生產總值的產業分佈（1980–2000）（%）

產業	1980	1985	1990	1995	2000
初級產業：					
1. 農業及漁業	0.8	0.5	0.3	0.1	0.1
2. 採礦及採石	0.2	0.1	–	–	–
第二級產業：					
3. 製造業	23.7	22.1	17.6	8.3	4.8
4. 建築業	6.6	5.0	5.4	5.4	4.9

9　數據來源：王賡武主編，《香港史新編》（上冊），三聯書店（香港）有限公司，2017 年。

產業	1980	1985	1990	1995	2000
5. 電力、煤氣及食水	1.3	2.6	2.3	2.3	2.9
服務性產業：					
6. 批發、零售、進出口貿易、住宿及膳食服務	21.4	22.8	25.2	26.6	24.5
7. 運輸、倉庫及通訊	7.4	8.1	9.5	10.1	10.9
8. 金融、保險、地產及商用服務	23.0	16.0	20.2	24.4	22.0
9. 公共行政、社會及個人服務	12.1	16.7	14.5	17.3	19.0
10. 樓宇業權	8.9	10.5	10.6	13.3	10.8
11. 設算金融中介服務調整	-5.4	-4.6	-5.5	-7.9	0.0
總計	100.0	100.0	100.0	100.0	100.0

資料來源：根據香港政府統計處數據整理。

表 10：香港製造業的企業規模（1971-2000）

年期	企業數目	就業人數	平均規模[1] (%)
1971	26,149	671,308	25.7
1973	30,542	713,688	23.4
1976	39,462	865,648	21.9
1980	52,566	1,030,861	19.6
1984	50,033	955,746	19.1
1988	51,671	855,963	16.6
1989	52,475	829,723	15.8
1992	41,710	592,400	14.2

年期	企業數目	就業人數	平均規模[1] (%)
1994	31,990	433,700	13.6
1996	25,859	327,473	12.7
1998	22,431	251,684	11.2
2000	18,958	214,221	11.3

註：1. 就業人數除以企業數目。

資料來源：莫凱，《香港經濟的發展和結構變化》，三聯書店（香港）有限公司，1997年；政府統計處《工業生產按年統計調查報告》。

伴隨這一演變，本地生產的產品出口快速下降，轉口貿易佔總貿易額的比重，從1980年代的約30%，上升至1990年代的80%，2000年更達到近90%。到2017年，轉口貿易在總體貿易額中的比例為99%。

隨着這一轉型，香港這個東西方交匯的城市開始扮演連接中國與西方的樞紐功能。這種樞紐功能圍繞「東方生產，西方消費」的全球經濟模式而形成，香港成為東方尤其是中國生產的產品流入西方消費市場的重要通道，貿易物流成為經濟中成長最快的行業，在2000年成為香港最大的經濟部門，佔GDP的比例達到23.6%，並在2005年達到頂峰，在GDP比重接近30%。

另一方面，這一時期，進入中國的外資逐年增長，香港自身不但是內地最大的外資來源地，也是西方資本進入內地的通道，帶動了金融業的快速發展，香港也轉型成為連接世界資本與中國市場的國際金融中心。2000年，金

融業佔 GDP 比重達到 12.8%。此外，各類專業和工商服務業也在這一時期得到長足進步，佔 GDP 的比重在 2000 年達到了 10.6%。

總體來看，1949 年以來的這兩次轉型的時期，是香港發展史上的黃金時代。香港實現了工業化，並在此之後轉型成為為亞太區首屈一指的貿易、航運、金融、服務樞紐，大量中產階層崛起，這個城市也被稱為「東方之珠」、「亞洲國際都會」，達到其發展史上的輝煌。

然而，深入來看，香港的第二次轉型同時也是一個「去工業化」的過程，為香港陷入今日的困境埋下了禍根。香港製造業轉移到內地並擴大生產規模，企業獲得了成本效益，本地服務業也得以蓬勃、壯大。但是，由於缺乏遠見和宏觀謀略，在勞動密集型製造環節移出時，香港本地並沒有採取適切的措施，藉機推動高技術、高增值製造環節的發展，而是任由市場選擇，任由製造業流失，導致製造業全面空心化，經濟完全走向了服務化。2018 年，服務業在香港總體經濟中的比重達到 93.1%，在全球絕無僅有。相較其他規模和功能近似的經濟體包括新加坡和瑞士，其服務業佔國內生產總值的比重，分別只有約 70% 和 74%，第二產業比重超過兩成，結構比香港多元得多，也穩健得多。

事實上，製造業不僅能支撐龐大的就業，更是很多生產性服務業的根本需求來源，因為很多服務業本身就是製造業價值鏈上的環節。貿易、物流、航運等都是最直

接的例子 —— 沒有貨源，這些產業根本無法發展。產品的設計、研發、測試、生產管理、品牌營銷、售後服務等環節，亦直接依賴製造業而存在。當製造業發展到一定階段，服務投入將超過原材料投入，成為產品增加值的主要來源。因此，在所有的經濟部門中，製造業具有最大的乘數效應，對其他部門的帶動作用大於服務業，發揮着穩固和平衡整體經濟的作用。因此，當一個經濟體經歷了工業化之後，服務業的發展便是順理成章的事。不過，由於不少服務環節的增值比製造環節高，很多人因此嚴重低估了製造的價值，殊不知，很多服務根本已與製造融合在一起，密不可分。尤其是今天，為實現對市場變化的即時反應（real-time reaction），大部分生產性服務業已深深嵌入（embedded）在製造業的產業鏈當中，從而出現了接近製造業環節、就地提供服務的傾向。因此，製造業發達的經濟體，自然會集聚起大量的生產性服務業，為製造業提供服務，這就是所謂的「製造業磁力」作用。內地過去 30 年的發展歷程正正顯示了這種磁力。而沒有了製造業，很多高增值的服務就失去了需求來源，因此移出製造業的經濟體，都在不同程度上遭遇了空心化，包括製造業的空心化和生產性服務業競爭力的弱化 —— 這正是歐美發達國家在金融危機後紛紛提出「再工業化」的背景。

而香港在失去製造業之後，與生產緊密相關的生產性服務也開始跟隨製造業的步伐，或流入內地，或被替代。這些，在接下來的第三次轉型中逐漸暴露出來。

第三次轉型（2000-2020）：
升級為國際金融中心，同時形成兩個撕裂的香港

2000 年左右，香港開始進入了新的一輪轉型，從生產性服務業基地、區域貿易、物流、金融中心，逐漸轉型為國際金融中心和資本流通平台。這一過程中，在金融功能得到強化，其國際性得到放大的同時，其他為實體經濟服務的功能逐漸出現競爭力弱化的趨勢，此消彼長的格局，開始將香港撕裂。這一轉型有四個方面的背景。

其一，2000 年後，廣東省的製造業開始轉型升級，包括以廣州為代表的重化工業的發展，以及以深圳為代表的科技產業的發展。珠三角的港資製造業主要是出口導向的輕加工業，在這個過程中未能跟隨內地企業轉型升級，開始被邊緣化，甚至被擠出珠三角，或搬遷到成本更低的東南亞地區，或走向結業。2000 年是港粵「前店後廠」模式的頂峰，當時在珠三角大約有五六萬間港資企業，僱用了大約 1,000 萬勞工。之後便逐年下降，尤其是 2008 年金融海嘯後更是快速下跌。2018 年末數據顯示，廣東省港資製造業企業約有兩萬間，提供的就業職位有 270 萬個，比起 2000 年下降大約七成。

這一發展自然影響到在香港的服務業。一方面，香港的生產性服務業源自輕加工生產，無力為廣東新出現的重型或創新型製造業服務，粵港兩地「前店後廠」的模式已經難以為繼；另一方面，廣東省並不甘於只發展製造業，它從自身發展需求出發，制定了形成現代服務業和先進製

造雙輪驅動的產業羣的發展目標，就地發展自己所需的服務業，「去香港化」已經不可避免。

其二，2001 年，中國加入 WTO，直接進入了世界貿易體系，更深度地參與到全球化當中。這之後，內地很多貿易活動的開展逐漸不再需要中間人，港口、機場等基礎設施出現飛躍，本身的服務業也出現長足進步。同時，服務業逐漸對世界開放，外資（包括港資）開始湧入內地的服務業市場。自此，中國製造依賴外界（包括香港）離岸地提供服務的局面開始轉變，在岸為中國製造提供各種服務逐漸成為主流。

事實上，早在中國加入 WTO 之前，香港服務業已經開始走進內地，在岸地為內地服務，港口物流業就是最明顯的例子。1990 年代初，香港港口營運商開始進入珠三角，在當地修建和運營港口。隨着珠三角港口的崛起，珠三角貨源地生產的貨物開始直接付運，給香港的港口帶來分流效應。這種效應在 2001 年中國加入 WTO 及 2003 年內地與香港簽訂 CEPA、多種行業開始正規化地進入內地後更為明顯。愈來愈多為珠三角製造業提供服務的香港企業進入內地，就近為內地的港企或其他企業服務，只在香港留下一個小型的辦公室，負責合約管理、金融或少量的其他功能；甚至有企業全面撤銷在香港的據點，搬入內地。

香港服務業企業進入內地這一趨勢，對企業和整體經濟所帶來的影響是不同的。企業獲得了更低的成本、更大的市場，且更接近客戶。然而，對整體經濟而言，產業的

轉移帶來的影響可謂利弊並存：既可能有正面的「擴大」效應，即企業轉移內地後將業務引來香港，增強香港的服務功能；也有負面的「遷移」乃至「替代」效應，企業將原本在香港運作的工序部分（甚至全面）遷移至內地，為內地、香港及整個區域服務。

正是由於「遷移」和「替代」效應，早期轉入內地的港資製造業轉而採用由內地港資或內資企業提供的服務，與香港之間的產業聯繫不斷減弱 —— 香港離岸貿易的迅速發展正體現了這種趨勢。內地港資製造業過往是香港生產性服務業的重要需求來源，這一趨勢無疑影響深遠，香港作為粵港跨境生產體系的離岸服務基地、作為中國製造走向世界的橋樑作用迅速出現弱化。

在第二次轉型期間，香港製造業大規模轉移入內地，港商將服務的需求帶回香港，推動了香港服務業的發展，因此香港雖然出現了「去工業化」的過程，但同時也實現了「後工業化」，服務業得到提升。但第三次轉型以來，實體經濟相關服務業加快進入內地的同時，香港本地並未能培育起新的增長點，這為香港未來長遠發展帶來巨大隱憂。一旦「遷移」和「替代」效應成為主流，將出現香港服務業的大轉移，從以香港為基地為區域提供服務，轉向從內地或其他地方為基地，為區域提供服務 —— 其後果，將是香港服務業的空心化。即使產業不是完全遷移出去，而是走向高端化，雖會增加對高技能職位的需求，但數量亦會有限；而沒有新的替代產業出現，中層及中下層生產性服務業職位會隨對外投資大量流失，就業結構將進一步兩

極分化。

這一後果今天已初現端倪 —— 今天香港中層就業流失、「中產向下流」、年輕人缺乏向上流動的機會，一定程度上正是來源於此。

由此可見，香港企業「融入國家發展大局」，若僅僅只是意味着香港企業到內地投資、香港優勢產業轉移入內地，帶來的影響可能是複雜的。當然，香港服務業不進入內地，並不會逆轉香港功能弱化的問題，只不過是推延一定的時間而已 —— 內地自身服務業的崛起和對香港功能的替代，是遲早的事。可見，找到新的經濟增長點，是香港不可逃避的選擇。

其三，2007-2008 年爆發了全球金融海嘯，美國等西方市場的消費能力在金融海嘯中受到沉重打擊，中國開始大力開拓內銷市場，減少對出口的依賴、推動經濟「再平衡」成為重點發展方向。而香港作為連接中國生產基地與西方消費市場的中介，與西方市場有廣泛的聯繫，但對於開拓內地市場卻是外行。而且，在「內地生產，內地消費」的供應鏈模式下，本地化的服務往往更佔優勢。因此，廣東的實體經濟，一定程度上開始與香港的服務脫鈎，香港過往的功能進一步遭遇挑戰。

在上述幾個因素下，香港原有的諸多產業開始萎縮。例如，貿易物流作為最主要的支柱產業，在 2005 年達到頂峰後開始走下坡路，在 GDP 中所佔的比重從 2005 年

的 28.5% 下降到 2010 年的 25.3%，再跌至 2018 年的 21.2%，對就業的貢獻也從 2005 年高峰期聘用 81.6 萬人，下降到 2010 年的 78 萬和 2018 年的不足 72 萬，減少了近 10 萬個崗位。

與此同時發生的，還有貿易物流行業增值（利潤）下降的趨勢。雖然因為稅制和法律制度的優勢，利潤和貿易合約大多數情況下還留在香港，但貨物大多已直接從生產基地付運到目的地，離岸貿易因此逐漸取代轉口貿易，成為香港貿易的主流，導致香港從一個轉口港，轉變為了虛擬的貿易控制中心。2002 年，是一個分水嶺，離岸貿易與轉口貿易大概持平，總額分別為 14,583 億及 14,296 億港元。之後，離岸貿易開始超越轉口貿易，成為主流。2014 年，離岸貿易創歷史高位，總額達 52,302 億港元，是轉口貿易的 145%；其後幾年，離岸貿易雖然回落至 5 萬億港元以下，但仍較轉口貿易高出 1 倍有多。

「貿易控制中心」名字動聽，但在離岸貿易模式下，本地獲得的利潤遠比轉口貿易低得多，對產業、就業的帶動作用也更少。2010 年，離岸貿易當中的「商貿服務」涉及的毛利比率為 6.1%，「與離岸交易有關的商品服務」涉及的佣金比率為 5.5%；而同期轉口毛利比率達 15.9%。2010 年以來這十年，離岸貿易毛利率更有進一步下降的趨勢，企業利潤率不斷下降。

離岸貿易模式下，貨物或者不經香港，或僅經香港轉運（transhipment）。轉運模式下，貨物僅僅是經過香港，

在禁區稍事停留，完全不會在本地進行增值，對本地經濟的貢獻更少，卻帶來污染、航道擁擠等問題。而且，貨物選擇在香港轉運，是因為內地尚未開放貨物轉運；一旦內地開放，香港的轉運可能在一夜間消失大半。2015 年，轉運已佔香港港口吞吐量約 70%；而剩餘 30% 的轉口貿易，不少貨物也僅僅是短暫在香港倉儲或進行拼箱，增值也不高。

此外，由於成本高，香港的其他多種服務業也出現了將低增值乃至中等增值環節轉移內地、再從內地進口服務的情況。很多企業甚至取消中低增值環節，直接外包給內地企業。例如，從 2000 年左右，香港的銀行開始將電話中心、文件管理等後台基地轉移到珠三角，再從珠三角進口服務。這種現象在諸多行業均出現。

上述這三個因素，讓香港作為粵港跨境生產服務中心的功能難以為繼，香港傳統的優勢產業，包括貿易、港口、物流及其他與製造有關各類服務，開始出現空心化和競爭力的弱化。這些產業過往支撐了香港大量的中產職位，這一發展趨勢無疑堪憂。

不過，第四個因素則為香港帶來了轉型的機遇。2000 年以來，超級全球化進入高速發展階段，跨國公司迅猛增長，跨境資本流動大大增加。而中國在 2001 年加入 WTO，深度參與到超級全球化當中，與外界之間的資本流通和調配需求大大提升。在內地尚實行資本管制、人民幣不能自由兌換、金融和資本市場與外界相對隔絕的

情況下，香港這個自由港便成為了中國唯一的離岸國際金融中心，一方面為中國的企業和資本提供各種離岸金融服務，另一方面成為全球的企業和資本投資中國的平台。截至 2018 年 12 月底，內地累計批准港資項目 45.7 萬個，實際使用港資 10,992 億美元，港資佔內地累計吸收境外投資總額的 54%[10]。用廣東學者封小雲教授（2017）的話來說，香港成為了「世界走入中國、中國走向世界的金融代理」[11]。

這一發展，大大推動了香港金融業的提升和發展，並帶動了會計、法律、諮詢、研究、公關、廣告等等相關的高端服務業的發展。香港作為國際金融中心和國際資本調配平台的功能開始得到迅速提升，獲得了「紐倫港」的美譽。2000 年，金融業佔本地生產總值的比例為 12.8%；2010 年，這一比例上升到 16.3%；更在 2018 年上升到 19.8%。人均增值從 2000 年的 98 萬港元上升到 2018 年的 171 萬港元。同一時期，專業服務佔 GDP 的比例也從 2000 年的 3.3% 上升到 2018 年的 4.7%。

裂變成兩個香港

整體來看，上述這四個因素呈現出了兩種不同的驅動力，推動了香港的新一輪轉型，香港的國際金融功能得到

---

10 http://www.mofcom.gov.cn/article/tongjiziliao/sjtj/ndyuxgjm/201903/
20190302844193.shtml。

11 封小雲，《回歸之路：香港經濟發展優勢重審》，香港城市大學出版社，2017 年。

強化，而其他為實體經濟服務的功能則出現弱化和空心化的趨勢。

從 2000 年以來的這 20 年間，這兩種不同的趨勢，使香港逐漸裂變成了兩個香港：「一號香港」是全球化下的資本流通樞紐和全球金融中心，集中了香港的各項主要優勢，高端產業聚集；「二號香港」則涵蓋了貿易、物流等香港的傳統功能，以及旅遊等服務業，包含了香港的中等及低增值產業[12]。

同時，這兩個香港的發展出現了此消彼長的格局。一方面，為資本全球流動服務的「一號香港」日益壯大。2000 年以來，中國保持了高速發展的勢頭，並逐漸走向高質量發展，在全球市場上的參與日趨深化。中國企業走出去和引進來並舉，「一帶一路」倡議也持續發展；國際資本參與中國發展的深度和廣度都大大增加。這些因素，給香港的國際金融中心、中國企業境外集資中心和資產營運中心、人民幣離岸中心等地位的鞏固發展帶來了機遇。尤其在中美兩個大國博弈的背景下，中國更加需要自己的離岸金融中心，「一號香港」的優勢還有進一步發展的空間。而「二號香港」因前文所述的種種因素，競爭力出現弱化，產業結構日趨單一化，中層就業規模萎縮，行業增值下降。

---

12 在香港的四大支柱產業中，我們可初略地將金融視為高增值產業，旅遊視為低增值產業，貿易及物流則屬於中等增值產業。專業及工商支援服務中，與香港的國際金融功能緊密相連的部分屬於高增值，與貿易、物流、旅遊及其他商業活動相關聯的部分則屬於中等增值。高增值產業屬於「一號香港」，其他行業屬於「二號香港」。

然而，「一號香港」前景廣闊，但在就業方面的貢獻卻有限。從 2000 至 2018 年，近 20 年的積累，金融業創造的 GDP 增加了 3,709 億港元，而就業從 17 萬人增加到 26.3 萬人，佔總體勞動人口的 6.8% 和全部人口的 3.5%。不但就業數量有限，而且由於其全球化功能及為內地服務的現實需求，很多職位會從全球尤其是內地招聘，內地背景的精英無疑在競爭中相對佔優，香港本地人要躋身這個行業，面對愈來愈大的競爭（見後文詳細分析）。

而且，「一號香港」的這些為全球資本服務的功能與本地基本的發展需求並無關聯，是脫離於「二號香港」而存在的。香港只是資本流通的平台，連接全球和內地；這些資本毋須在香港扎根，其運作需要的是國際視野和對內地的了解，並不太需要本地知識，不太需要與本地發生關係。基本上，這些功能懸浮在大多數人安身立命的「二號香港」之上，兩個香港互相脫節。

其實，這種情況並非香港獨有，在紐約、倫敦等國際金融中心亦大致如此。但是，這些國際金融中心城市有天然的發展腹地，高端人才流入的同時，與這些國際金融功能無關的人口可以在全國廣闊的空間流動。而香港之所以能成為內地的離岸金融中心，除了其各項優勢，還在於其「離岸」的本質 [13] —— 即香港與內地之間存在流通的邊界。「離岸」既是香港的優勢，同時亦是劣勢；多年來，增值

---

13 顧汝德，《失治之城——掙扎求存的香港》，天窗出版有限公司，2019 年 8 月第二版。

不夠高的企業、產業紛紛轉走，但人口卻轉移不出去，尤其基層人口更依賴香港提供的各種福利和最低工資而固化在香港。反而，在單程證制度下，流入的多為基層人士，進一步加劇了香港底層坐大的傾向（見後文詳細分析）。

過去多年，「二號香港」之所以未出現大規模失業，是因 2003 年開放自由行以來，大量遊客湧入香港，創造了大量旅遊、零售、餐飲、酒店等消費性服務業的就業，成為基層的最大新增就業來源，失業率因此尚能維持低水平。下圖可見，住宿及膳食服務的職位空缺，在 2000 年後急速上升，2012 年以後基本上每年都有逾一萬個空缺。

圖 25 ：香港主要行業職位空缺數目變化（2000-2018）

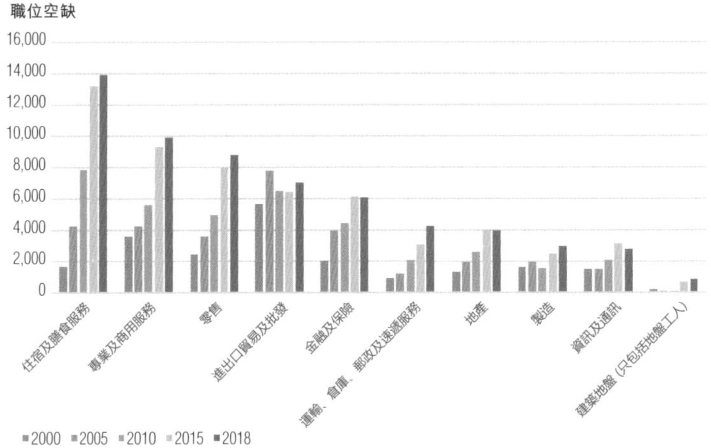

職位空缺
16,000
14,000
12,000
10,000
8,000
6,000
4,000
2,000
0
住宿及膳食服務
專業及商用服務
零售
進出口貿易及批發
金融及保險
運輸、倉庫、郵政及速遞服務
地產
製造
資訊及通訊
建築地盤（只包括地盤工人）
2000 2005 2010 2015 2018

資料來源：根據香港統計處數據整理。

但是，由於過於依賴這類消費性服務業，給香港經濟結構帶來了三大弊端。其一，因缺乏完善的規劃和設施，

繁榮時對民生帶來干擾。過去多年，每年 6,000 多萬遊客，擠爆了香港各大旅遊景點、消費場所，甚至餐廳、港鐵、街道。環境日趨嘈雜擁擠之餘，也抬高了租金和整體物價，並造成一些生活必需品短缺。很多特色小店被為遊客服務的連鎖店取代，社會環境的多樣性也受到侵蝕。不得不說，這類產業的過度發展，也是現今香港與內地矛盾的原因之一。

二是對外界影響極為敏感，一旦外界情況轉差便遭受沉重打擊，嚴重影響基層生計和就業。這類產業有一個顯著特徵，便是依賴大量遊客親身來港，依賴服務提供者與消費者之間面對面的接觸，依賴貨物直接經香港市場流通 —— 也就是說，這類服務屬於流通性服務，依賴人和實體貨物經香港大進大出。一旦出現影響遊客來港意欲的事件，不單這類產業遭到打擊，由這類產業所衍生出的工商支援服務、貿易物流服務亦受連帶損傷。

三是這些行業毋須太多的技能，增值低、發展空間有限。具體來看，旅遊及相關的消費型服務業每年所創造的人均勞動力增值，在四大支柱產業中最低（僅為金融業的 23%，貿易物流業的 59%，專業服務及其他工商業支援服務的 80%），提供的就業以基層為主，比較難成為大多數年輕人階層上升的通道。以零售為例，由於缺乏中高層次的製造業，香港在整個價值鏈中介入不深，產品的研發、設計、生產、測試等環節都不在香港，遊客購買的產品幾乎全部依賴進口，香港僅僅提供了流通層面的服務，增值不高，本地受益有限，因此特別依賴「大進大出」的模式，

依賴遊客和消費持續提升來維持。而年輕人進入後，較少有機會積累起經驗和技能，去獲得更大的事業提升。

可以說，由於為實體經濟服務的生產性服務業逐漸弱化，「二號香港」的發展日趨空心化、劣質化，直接收窄了年輕人向上流動的渠道。愈來愈多的人被鎖定於社會的基層，難以向上實現階層跨越。

此外，作為全球資本流通平台，大量資本在香港匯聚；本地產業向外轉移，但利潤很多情況下仍然回到香港，不過除了地產和金融之外，本地並無多元化的產業結構和持續成長的投資機會。因此，不少資本湧入金融以及地產行業，買樓、買土地、甚至買地產公司的情況也在發生，推高了樓價、物價，進一步推進了香港的金融化和地產化，加劇了兩極分化，讓第二個香港境況更困難。

回顧香港二戰以來的三次轉型經歷可見，由於抓住了機遇，配合國際和國內的需求，香港實現了一次又一次的轉型，奠定了「一號香港」今日的全球地位，成為全球資本流通樞紐，獲得「紐倫港」的稱譽。但同時，由於缺乏長遠發展思維和宏觀謀略，香港往往簡單化地利用其經濟腹地，通過產業簡單轉移來解決面對的成本上升或市場狹小等問題；過去製造業是如此，今天服務業亦是如此，卻未能處理產業轉移所帶來的種種弊端，未能在產業流失的同時，建立起新的經濟增長點，從而使「二號香港」當下的發展邁入困境。如今，兩個香港之間的鴻溝漸深、貧富差距愈趨擴大，社會處於動盪不安的邊緣。

2.3 自由放任體制下資本霸權的形成

自由市場的價值觀

香港還是英國殖民地時，在英國的整個屬地版圖中只是一個單純的經濟據點，主要的功能是為英國在亞洲的商業運作提供服務。港英政府奉行「自由市場」的原則，後逐漸轉型為「積極不干預」的模式，以方便英資的運作為首要目標——這是由其基本功能所決定的。

這種商業城市的定位和政府放任自由的制度，在香港形成了一種親商、親資本的文化和價值觀：市場高度開放和自由，企業和貨物出入不設限；稅制簡單、稅率極低、無資本稅；政府為商業活動提供各種設施和服務，但無產業規劃、不直接參與市場運行；通過法律體系維護商業和社會秩序，商界恪守商業規則、守誠信。便是在這樣的體制和文化下，商業機器高效運轉，一切便捷、高效、井然有序。這是香港作為自由港的優勢所在，是香港無論成本多高都能吸引到資本以這裏作為運作平台的原因。

20 世紀廣為人知的經濟學家、芝加哥學派的掌舵人 Milton Friedman 是自由經濟的最熱情倡導者之一。他高舉自由市場大旗，反對一切對市場的非必要干預，尤其反對計劃經濟（planned economy）。1970-1980 年代，他的思想深刻影響了當時的英國首相戴卓爾和美國總統列根。

正是在這兩位的推動下，新自由主義成為資本主義的核心價值觀，並推動了超級全球化的到來。

香港的制度，無疑跟這一套思維極其契合。而正是這種契合，加上中國因素，香港成為全球化下的一個重要樞紐，成為與紐約倫敦並駕齊驅的東方之珠。事實上，Friedman 一直是「香港模式」的堅定支持者，認為香港是最成功的資本主義社會，「是自由經濟的最後堡壘」。

資本形成霸權

然而，Friedman 是對的嗎？他主張「去除管制」（deregulation）、放寬對於金融產品的限制，正是在這股風氣下，投資銀行開發了各種衍生工具和金融產品，資本到處流動、擴張。他於 2006 年逝世，而 2007-2008 年自由經濟的泡沫爆破，爆發了全球金融海嘯，人們才開始反省資本主義內部出現的結構性危機。

資本是逐利的。在無規管的自由市場中，資本會無所不用其極地利用一切可以利用的經濟、社會、政治條件，去佔有最大份額的經濟成果。2008 年金融海嘯的爆發、美國今日日益擴大的貧富懸殊，正是自由主義帶來的代價；過分的市場自由、無監管的資本擴張，讓社會大多數人失去了自由。

自由經濟在香港成果輝煌，代價同樣明顯。早在港英時期，由於對資本無節制，對市場兼併、收購等行為無規管，導致英資財團坐大，甚至形成行業壟斷。而港英政

府並沒有利益和動機去限制英資，更何況彼時全球都置身於自由主義的大潮下。在隨後的數十年，華資逐漸取代英資，這種市場壟斷也慢慢由華資繼承、並進一步發展下來。

回歸後，香港依然奉自由經濟為金科玉律，視「全球最自由經濟體」的稱號為無上榮譽。過去 20 多年來，為吸引資本流入、方便資本的流通和運作，政府進一步為資本拆牆鬆綁。例如，2006 年，香港取消殖民時代一直徵收的遺產稅。當然，資本有各種渠道去規避遺產稅，政府能收取的本來就不多，但此舉具有象徵的意義，對挽留本地資金、吸引海外資金來港亦無疑有利。不過，在貧富懸殊日益擴大的香港，這樣的舉動對誰更有利呢？《二十一世紀資本論》作者 Thomas Piketty 在《資本與意識形態》（*Capital et Idéologie*）一書中將此視為 21 世紀的荒誕現象；他認為，資本家的家產因此能完整傳承給後代，無疑會加劇香港已存在的巨大的貧富鴻溝。

同時，由於政府對兼併、收購無約束，資本在金融、地產賺了錢後，又擴張到公共服務以及與社會民生緊密相關的各行各業，贏者通吃，本土市場因此高度集中，壟斷了大部分人的生活。財團、老牌資產階級、受過高等教育的社會精英等「一號香港」中的利益主體，成為受益者。而除了大的財團，香港絕大部分的企業是中小微企業，在高度金融化和地產化的經濟中難以擴張。

經濟加速地產化和金融化

此外，正是在積極不干預的思路下，香港失去了實體

經濟，導致產業結構空心化，並難以形成新興產業和科技產業，經濟結構日趨單一。進入香港的外來資本，或香港商人在外賺取的利潤回流到香港，沒有多元的投資方向，大量財富紛紛湧入高盈利的地產和金融市場，進一步推高了地產和金融泡沫。而這同時又導致本地營商成本極高，經濟缺乏活力，新產業、新企業難立足、生根，進一步強化了產業結構單一化的趨勢。無論是新產業還是舊產業，香港過去 20 年尚未出現過一家新的本地大型企業，經濟新動力難以形成，進一步固化了階層格局。也就是說，香港經濟陷入了結構上的惡性循環，單靠市場自身，根本無法推動經濟動力的多元化。

基本上，資本霸權的形成、實體經濟的空心化、產業結構的單一化、貧富嚴重分化 —— 這些二號香港今日的深層次矛盾，均與香港政府長期在經濟發展路徑選擇上缺席有關。香港自由放任的模式，亦是兩個香港撕裂的根源之一。

有評論指出，自由放任的制度事實上是港英政府和大資產階級建構的香港社會「上層建築」的主要部分，在香港形成了一種自由經濟原教旨主義意識形態。有學者甚至將其形容為統治階層和社會精英在香港打造的「文化霸權」或「文化欺權」(culture hegemony)，不斷對羣眾洗腦灌輸，以維護自身的利益 [14]。但可悲的是，香港社會至今尚未出現徹底的反省，依然以自由經濟的光環為榮。

---

14 兔主席，《撕裂之城：香港運動的謎與思》，中華書局 (香港) 有限公司，2020 年 7 月。

2.4 移民因素的衝擊

前文論及，美國今日面對嚴重的貧富懸殊問題，底層人士生活境況日趨惡劣，背後的原因亦包括了移民因素。過去 20 年，美國實體產業逐漸空心化，產業工人不得不轉向零工經濟，而大量願意接受更惡劣工作條件的移民湧入，無疑讓底層白人境況更糟。移民同時佔用福利資源，並帶來文化衝擊、種族矛盾等問題。

而香港這樣一個移民城市，同樣也面對移民帶來的衝擊。

「一號香港」：本地精英與內地精英的競爭

作為全球城市，香港最核心的功能是聯通東西方，尤其是作為東西方之間資本流通的平台。參與這一功能的主要是精英階層，既包括本地精英，又有全球流動的高級人才。

不過，香港作為東西方資本流通平台，最大的客戶就是內地（或者中資）；「背靠祖國，面向世界」便是香港繁榮的根本。順理成章，要參與到這一核心經濟功能中，從而躋身精英階層，語言能力、文化融入、社交技能、國情和制度認知、人脈關係等等方面無疑都以內地為導向。而這些方面，本地絕大多數年輕人自然無法與來自內地的精

英人才競爭。過往，本地人才在英語、國際視野方面更佔優勢。但時至今日，內地不少年輕人已經趕上、甚至超越了香港人，而香港人佔優勢的本地認知卻並非躋身精英階層的必要條件，因為香港的全球功能與本土市場和社會並無大的關聯，連會說廣東話都不是必要條件。隨着回歸和各種引入人才的政策逐漸開放，在香港就業的內地精英規模愈來愈大，「新香港人」或「港漂」崛起成為香港社會中一個頗具規模和影響力的羣體。

今天，香港金字塔最頂端的金融行業，在不少範疇已經由內地精英主導。起先是一些需要與內地緊密接觸的前台工作，之後開始發展到業務中間環節乃至後台業務。因此，便有了「中環是講普通話」的說法。

這一發展，無疑給本地人帶來一定的壓力。即便是生活在「一號香港」中的本地精英和中產階層也受到莫大衝擊，哪怕自己今日已躋身這一階層，亦擔心明日被擠出來。中產拼了命投入巨大資源給子女精英教育，期望他們能在自己的肩膀上向上跨越一個階層，進入香港的最核心，現實卻讓他們悲觀地發現，自己的後代要向上跨越，愈來愈多地面對來自內地精英的巨大競爭。畢竟業務與內地息息相關，內地精英具有香港人無法比擬的天然優勢；而內地 14 億人口，是香港人口規模的 200 倍，很小的一個比例，就足以在中環佔據核心位置。此外，在為海外企業或資本服務時，本地人又面對來自海外的人才的競爭。

也就是說，內地帶給「一號香港」的發展機遇，本地

人感覺到愈來愈不屬於自己；自身或自己的後代在與來自內地的精英競爭時，天然就處於下風，階層上升通道不但狹窄，而且不由本地人控制。

但是，脫離了內地這個根基，「一號香港」也就不存在了，因為其核心功能都是圍繞內地而存在。這一點，香港精英和中產心知肚明，也因此帶給了他們深深的挫敗感和無力感，可以說是一個極大的心理打擊。加上在文化和核心價值方面擔心被「新香港人」沖淡、攤薄，種種因素讓香港不少中產和精英在心理上對國家和內地人產生抗拒。這就解釋了為何香港政治上黃、藍陣營之間的劃分，與「一號香港」和「二號香港」之間的劃分並不是重合的，並不一定是經濟上處於劣勢的年輕人和基層才對國家有離心力。

「二號香港」：本地基層面對新移民的衝擊

「一號香港」中的精英和中產面對全球人才和內地精英的競爭，而「二號香港」中的基層同樣也面對移民的壓力。

香港自 1980 年終止「抵壘政策」[15]，取而代之的是 1982 年開始實施的單程證政策。該政策實施已接近 40

---

15 抵壘政策（Touch Base Policy）是殖民地年代港英政府實施的針對來自內地的非法入境者的政策，於 1974 年 11 月生效，此後由內地偷渡到香港的人士，只要抵達香港市區（界限街以南），即可得到香港居民的身分。

年，通過單程證從內地進入香港的人數總計超過 100 萬人，成為香港人口增長的最核心來源。立法會的數據顯示，2002 年至 2016 年這 15 年期間，來港定居的單程證持有人達到 70 萬人，期間香港總人口增加約 65 萬人，佔整體人口增長總額約 107%。2016 年，單程證持有人抵港人數升至 57,400 人，為 15 年來的新高。

圖 26：2002-2016 年單程證持有人數目與本港人口增長情況

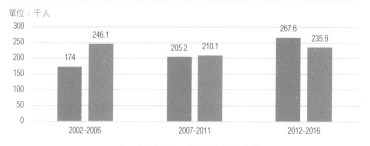

資料來源：根據立法會文件數據整理。

　　單程證人士以家庭團聚為由來港，以女性為主體，這是香港人口女多於男的主要原因。另外，單程證人士以廣東、福建沿海農村地區為最大來源地，以中學學歷為主。香港立法會的文件顯示，新移民在勞動參與率、教育程度、就業收入方面，均較全港平均水平低。例如，2016 年，新移民家庭的每月住戶收入中位數為 17,500 元，比所有家庭的住戶收入中位數 25,000 元低 30%。整體上，新移民家庭對社會福利（包括綜援、公屋、公共醫療和免費教育等）的依賴程度要高於整體社會的平均水平。

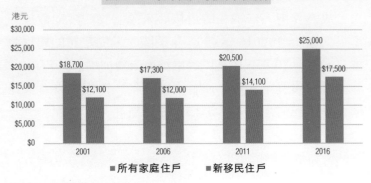

圖 27：每月住戶收入中位數

港元

資料來源：根據立法會文件數據整理。

政府在《2018 年香港貧窮情況報告》中指出，香港共有 25.5 萬個貧窮的新移民住戶（政策介入前），其中有逾五分之一正領取綜援。新移民貧窮住戶教育水平普遍較低，大多從事較低技術職位，而且住戶中有長者或兒童的比例高，故福利需求也較大。

圖 28： 2009-2018 年新移民住戶的貧窮人口及貧窮率

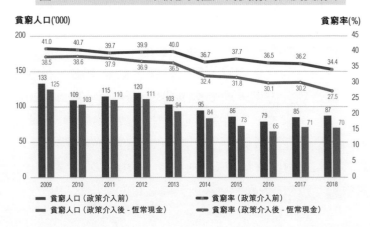

資料來源：香港政府 2018 年香港貧窮情況報告。

另外，上述數據是比較新移民與香港永久居民。若比較單程證人士（無論是否已成為香港永久居民）與非單程證人士，差距會更明顯。

與此同時，單程證人士也出現高齡化趨勢。自 2010 年開始，45 歲以上持單程證來港人士的比例明顯增加，25-34 歲的則相對減少。對於快速老齡化的香港來說，這也並非好事。

圖 29：持單程證來港人士年齡比例

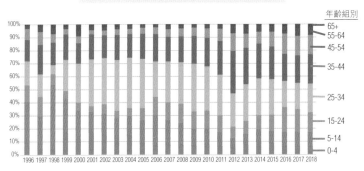

資料來源：根據政府統計處數據整理。

一個難以否認的客觀現實是，單程證人士成為香港人口增長的核心來源，為土地、房屋、醫療等等社會資源帶來了較大的壓力，並對香港人口結構的優化、未來的長遠發展有所不利。

一直以來，香港社會對新移民和單程證制度有比較負面的觀感。客觀來看，這種情緒，既源自不理性的歧視的一面，也源自市民所承擔的客觀壓力。

舉例而言，2020 年 4 月生效的二人家庭輪候公屋的入息上限是 19,430 元，三人家庭上限是 24,410 元。對夫妻二人同時工作的年輕夫婦來說，這個上限無疑太低，很容易就超標，但他們的財力距離買私人住宅還有很遠距離，夾在中間，可謂「兩頭唔到岸」。比較而言，勞動參與率和家庭收入水平相對較低的單程證人士家庭，更容易滿足輪候公屋的條件。

　　此外，香港的公屋、綜援等社會福利制度雖然涉及資產審查，但這種審查目前難以延伸至內地 600 多個城市及廣大農村地區，難免有個別單程證人士在內地有資產，卻在香港住公屋、領綜援的情況出現。此類事件雖可能是個別情況，但對比有本地人為排隊等公屋，寧可要求公司不要加薪、升職的現象，給人極其不公平之感。加上近年個別單程證人士通過司法覆核，挑戰對非永久居民享受社會福利的種種限制，大大增加了社會對新移民「來港搶奪資源」的負面觀感。

　　此外，內地投資客來港買樓，亦加重了兩地之間的矛盾。香港樓市貴絕全球，但並不限購。雖然有所謂「辣招」的印花稅，但從未限購。對某些高淨值人士而言，「錢能解決的問題都不是問題」，來港買樓的內地客在「辣招」實施後有所減少，但從未斷絕過。誠然，開放社會必然面對利和弊，但在房屋問題已經成為社會核心矛盾時，香港依然沒能採取果斷措施，堵截漏洞。

　　由於本地人在公屋和私人物業這兩方面都受壓，這

在某程度上可以解釋為何他們在抱怨居住條件惡劣、樓價太貴的同時，反對填海、開發郊野公園周邊、新界土地開發、棕地發展等一切能提供住宅用地的城市建設項目，因為香港的發展他們未必能享受到，或只能部分享受到 —— 拋開價值判斷，也許我們能一窺這些被視為「反智」的行為背後的根源。

再加上移民帶來文化、族群、價值觀、意識形態、生活方式方面的衝擊，也加重了本地人的「無力感」。這種情緒在特殊時刻被別有用心的人放大和投射至其他範疇，大大增加了本地人（不分年齡和收入階層）對新移民的偏見以及對國家的不滿。

全球化時代，全球流動的不僅僅有資金、商品，還有人口；移民問題在美、歐都帶來極大爭議。香港是移民社會，過往因移民而發展、繁榮。但是，面對今日之境況，簡單地保持從前的開放模式，抑或徹底封閉，都非有效及明智的解決辦法。如何吸納人才，如何滿足家庭團聚的需求，亦能兼顧社會的容納能力，並創造新的經濟增長點、增加社會吸納人口的能力，是香港未來必須解決的問題。

本章小結

　　從 1949 年至今 70 多年來，在全球化浪潮和中國參與全球化這兩大驅動力的推動下，香港經歷了三次大的轉型，從一個轉口貿易港，轉型為出口導向的輕加工製造基地，到跨境生產服務中心及國際貿易物流金融中心，再到今日超級全球化下的國際金融中心和全球資本流通平台。這三次轉型，並非政府精心規劃的結果，而是市場自發的選擇。香港在這三次轉型中創造了驕人的輝煌，其全球流通功能得到極大發展，成為了全球資源配置的重要樞紐。

　　但同時，這三次轉型也有失敗的一面。香港政府長期在經濟發展路徑選擇上缺席，未能提供有遠見、有謀略的宏觀引導，在超級全球化的推動下，增值不夠的產業和就業大量流失，出現了今日實體經濟空心化、經濟結構單一化、過度金融化和地產化、就業兩極分化和劣質化、中產塌陷、貧富分化的局面，社會因而分化成了兩個撕裂、衝突的香港。

　　其中，「一號香港」集中了香港大部分的國際優勢，承擔了國際金融中心、資產流通平台、中西方超級聯絡人、離岸人民幣中心、高端服務業基地等等功能。但是，這些功能與本地的經濟、本地人的生活需求基本是脫節的，只有其利益主體 —— 精英階層及其附屬的部分中產能從中受益。

「一號香港」的繁榮，並沒有像經濟學常說的通過「trickle-down effect」帶動大部分香港人安身立命的「二號香港」的發展。貿易和物流業作為「二號香港」的核心功能在過去 20 年間走向離岸化、虛擬化，利潤率顯著下降；同時，大量基層賴以謀生的旅遊、零售等相關產業嚴重依賴外來遊客和海外商品的大進大出，對本地生活干擾大、增值低、波動大，亦激化了與內地的矛盾。

　　此外，社會長期以來的重商文化和多年來政府的自由放任，對兼併、收購無約束，資本無制約地擴張，贏者通吃，造成本地市場集中，社會缺乏創新和活力，新企業、新產業、新增長點難以形成，強者愈強、弱者愈弱，未能讓大多數香港人充分分享香港的發展帶來的益處。

　　加上高端精英移民和基層單程證移民，在就業、居住、社會福利、文化、價值觀、意識形態等層面給港人帶來衝擊，加劇了香港與內地之間的衝突，強化了港人對內地人的敵視。

　　為了推動「一號香港」的發展、吸引更多全球資本來港，政府採取了進一步為資本鬆綁、減稅（無資本增值稅、取消遺產稅、極寬鬆的免稅額制度）等手段，雖吸引了更多資金流入、停留在港，但也更進一步帶動了經濟的

金融化和地產化，推高了樓價，加劇了兩極分化，催化了本地產業的轉移和空心化。香港成為貴絕全球的城市，新興產業難以生根發展，經濟日趨單一，經濟和社會結構都受到傷害。從這個角度上看，「一號香港」的發展一定程度上以「二號香港」的沉淪為代價；兩個香港之間，存在巨大的裂痕和衝突。

兩個香港此消彼長的發展，與超級全球化的發展息息相關；2019 年的反修例運動在本質上也是一場反全球化運動。只不過，香港的全球化與內地最為相關，主要是為內地的全球化需求提供服務，因此內地被港人視作了全球化的替罪羔羊。

從經濟層面解構「攬炒」思維

在「兩個香港」的框架下，我們可以從經濟側面解釋反修例運動中的「攬炒」思維。「一號香港」的繁榮，與在「二號香港」中生活的人無關；甚至，「一號香港」的發展一定程度上擠壓了「二號香港」的發展空間，對此不滿的人（可能來自兩個香港）便想通過「攬炒」，打爛「一號香港」。

可現實是，「攬炒」對「一號香港」的打擊其實很有

限，香港的金融等功能在事件中並未受大的影響，資金未大規模流出，反而有流入的趨勢。在 2019 年反修例事件破壞性最強的高峰時期，阿里巴巴完成在港上市；2020年以來，網易、京東等也回歸香港，香港作為內地頂尖企業首要集資中心和離岸金融中心功能並未受損。在中美對立背景下，這一功能對國家更加重要。加上《國安法》的保障，香港逐漸成為了中國科技企業的離岸金融中心、融資市場。只要中國保持可觀的增長，世界資本必然對中國有興趣；而在內地資本市場完全開放之前，「一號香港」的國際金融中心功能就能得到繼續發揮。

此外，精英階層有足夠的資產和財富積累來抵禦、對沖風險，也有足夠的專業知識和經驗來保護他們目前和未來的發展空間。因此，大部分精英和中高階層因「攬炒」受到的傷害並不大。

反倒是「二號香港」中的零售、旅遊、酒店等產業，因遊客絕跡而大受打擊，依賴這些產業為生的基層，反而為社會的動盪埋單付費。可見，「攬炒」不但解決不了香港的問題，反而是加劇了社會的貧富分化和不公 —— 這一點，恐怕是那些期望通過「攬炒」來打破舊世界、實現公平的人始料未及的。

三

啟動兩個香港的
彌合

通過過去幾十年間的幾次轉型，香港在全球價值鏈上的位置一步步提升，卻也裂變成了兩個香港，兩者有着不同的利益主體和利益訴求，沿着各自不同的軌跡發展，之間的鴻溝亦日益加深。如何去填平鴻溝，防止進一步的階層斷裂和社會危機，是擺在香港面前的緊迫問題。

長久以來，對於香港未來的發展路向，已有不少的研究和建議。但是，過往很多研究籠統地將香港視為一個整體，未能辨析不同利益主體的不同的處境和發展需求，給出的發展建議往往只是適合於香港的某一部分，或者僅僅對某一階層有利。例如，「國際金融中心」、「超級聯絡人」、「中國企業走出去的平台」、「一帶一路高端服務基地」等等定位，都是充分利用「一號香港」中的金融及各種高端專業服務的優勢，受益的也主要是「一號香港」中的精英羣體；「國家所需 + 香港所長」的思路，也主要適用於集中了香港核心優勢的「一號香港」，而「二號香港」迫切需要的是借助外界所長、彌補自身短板。也正因如此，這些建議實踐多年，依然未能全面解決香港的經濟深層次矛盾和社會分化日益嚴重的問題。

我認為，只有拋開政治分歧和價值判斷，客觀考察兩個香港各自的特徵和發展需求，考察香港各階層的真實處境，深入辨析各種政策思路可能給兩個香港帶來的不同影響，才能找到兩個香港均衡受益、最終走向彌合的路徑。

3.1 推動兩個香港均衡發展

　　全球化是雙刃劍，但「一號香港」享有了全球化的大部分好處，而「二號香港」承擔了全球化的大部分弊端，以至於兩個香港呈現出此消彼長的發展態勢。未來，香港經濟發展的總體目標，應該是實現兩個香港的均衡發展，讓所有階層都能從香港的發展中受益。

鞏固「一號香港」，改革「二號香港」

　　那未來的方向是不是通過遏制「一號香港」的發展來達至兩個香港的均衡？答案顯然是否定的。「一號香港」是香港的國際競爭力所在，聯繫東西方、發揮好國際資本流通平台功能是香港的重要使命。破壞了「一號香港」，香港將甚麼也不剩下，「二號香港」將更難發展起來，本地人更加沒有發展的空間。因此，香港還需繼續鞏固和提升國際金融中心、區域資本調配中心等功能，繼續推動高端服務業發展。

　　但同時，香港必須尋求對兩個香港都有利、兩者均衡發展的方向 —— 這個方向就是「一號香港」的鞏固、提升，以及「二號香港」的轉型和多元化。

　　不過，有關「一號香港」的鞏固和提升，並非我欲在此探討的主要內容，因為對於香港應如何發揮優勢，進一

步提升其作為國際金融中心、東西方超級聯絡人、中國企業走出去平台等功能，已經有相當多的研究。相比之下，香港需要花更大的力氣，並充分借助「一號香港」的力量，來改革和發展「二號香港」，尋找能讓本地經濟、本地人充分受益的發展模式。這正是本章的討論重點。

3.2 推動「二號香港」的實體化和多元化

兼顧高、中、低端產業

有思維認為，香港成本高，只能發展高增值的高端產業。即便中、低端產業轉移出去了，利潤還是會回到香港，香港並沒有損失。這種思維在全球化中普遍存在，很多高成本、較為發達的地區便是在這樣的思維下走向了今日空心化的困境，這也正是香港今日很多矛盾出現的根源。

無疑，香港因自身條件的限制，應有所為、有所不為。作為一個高成本的小型經濟體，香港必須加強發展高增值、不易被取代的高端產業，讓香港這個無資源和能源、本地市場狹小、成本高昂的地方能保持對內地、對亞太區、乃至對全球經濟的重要性。如金融、法律等高端服務業，是香港的全球競爭力所在，必須持續去鞏固、提升。但是，香港產業發展中出現的簡單放棄增值不夠高的價值環節的取向，將令社會只剩一小部分高端（畢竟只有少數人能勝任的職位才叫「高端」）和無法轉移的低端就業，貧富分化將日趨嚴重，最終可能引致階層斷裂乃至對立的結局。

另外，產業轉移後利潤雖然回流香港，但沒有多元的

產業結構和投資機遇，大多流入高回報的金融、地產，加劇了產業的金融化及地產化，更進一步推高生產和生活成本，窒礙其他產業的發展，加劇兩極分化和財富差距。可以說，這種思維下的發展模式，將僅有少部分人受益，卻由整體社會埋單。

故此，香港急需扭轉中層就業流失、就業結構兩極分化的趨勢，大力增加中層就業的數量，並拓寬選擇面，增加經濟多樣性，為年輕人提供向上流動的機會。另外，配合香港人口結構有基層坐大的趨勢，基層就業在香港就業結構中亦舉足輕重。隨着旅遊和零售的冷卻，香港需要緊密跟蹤基層職位的變化，並在中長期為基層就業開拓多樣化來源。也就是說，香港的產業發展應該高、中、低兼顧，才能與人口的結構相配合，讓大多數人都能享受到發展的機遇。

推動產業結構實體化、多元化

前文指出，「二號香港」目前面臨製造業空心化、產業結構單一化、就業結構兩極化和劣質化等問題。中等增值水平的傳統優勢產業（如貿易物流）正出現利潤和就業萎縮的狀況。

同時，此次疫情進一步深刻暴露基層民眾的就業太過依賴消費性服務業（包括旅遊及其所帶動的餐飲、零售、酒店等）的弊端。2019 年的反修例事件和 2020 年的新冠肺炎疫情連番打擊之下，市面蕭條，每日訪港旅客從 2018 年的平均 17.8 萬人次，斷崖式下跌到每日數百、甚

至數十人次。各類小店結業的消息此起彼伏，基層勞工無疑受傷最重。即使疫情結束，每年幾千萬內地遊客湧來香港購物、消費的情況將難以再現。中美衝突的激化、全球政治局面的變化、中國經濟和中國品牌崛起等因素，中國消費者對西方品牌和產品的迷信與熱情正在降低，新一代消費者對中國品牌的品質、設計、性價比的認可度在快速提升，海外購物增長的減緩已成為趨勢。此外，自修例運動以來，內地人對香港的觀感急轉直下，海南等自貿區免稅零售又有新的開放舉措，都大大降低了內地民眾來港消費的慾望。因此，香港必須減少對旅遊、零售等相關產業的依賴，同時拿出有遠見、具開拓性的中長期改善計劃，推動經濟和就業結構轉型。

我認為，在兼顧高、中、低產業的同時，香港需要推動產業結構的實體化和多元化。鞏固既有產業，培育新增長點，為年輕人提供多樣的選擇、搭建階層跨越的階梯。

必須解釋的是，我所指的「多元化」並非「小而全」，並非在香港走「全產業鏈」的模式；而「實體化」亦非走回頭路去發展低增值勞動密集型製造業。在單一化和「小而全」之間、在單純發展服務業與回到低增值勞動密集型製造業之間，有着相當廣闊的選擇空間。香港可以選取數個與自身條件充分配合的產業，適度增加新的發展動力，而且這些新動力可以更具實體性、更靠近製造業，從而可以為服務業提供實體支持，使經濟更均衡、穩固。

那麼，有哪些具體的方向可以考慮？

3.3 大力發展 2.5 產業

我認為，2.5 產業可以成為香港開拓新增長點的方向。

何為 2.5 產業？隨着經濟的演變和產業分工的精細化、現代化，傳統製造業與服務業的二元劃分已不合時宜。現代的產業價值鏈中，有不少製造環節需要高質服務的配合，而不少服務環節亦依存於製造環節而存在，製造與服務因而呈現互相融合的狀態，「2.5 產業」之稱便由此而來。

現實中，2.5 產業的具體範疇難以有清晰的界定。基本上，2.5 產業連接服務業與製造業，具有服務業的中心職能，但同時涉及製造的過程，比傳統的服務業更「實」，同時具有研發、加工、維修等功能，服務和製造因此相得益彰。

圖 30 ： 2.5 產業連接製造業與服務業

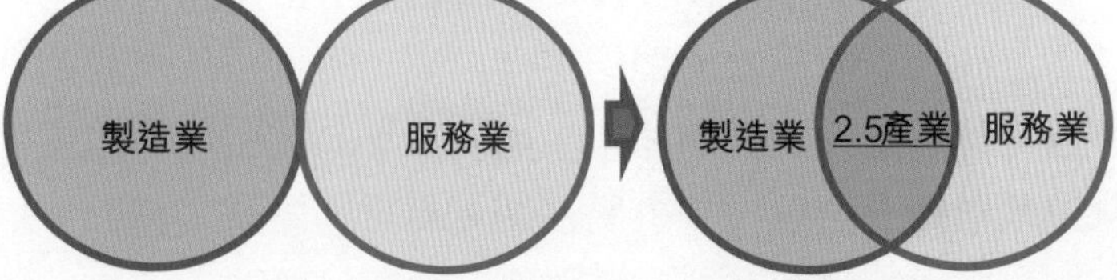

圖片來源：作者。

哪些 2.5 產業適合香港發展？我可以從幾個案例說起。

飛機發動機和零部件維修

2019 年年中，我曾參觀了香港某航空發動機維修服務公司（以下簡稱 A 公司）位於香港將軍澳工業邨的廠房，並訪問了幾位管理人員。此次調研，扭轉了我對香港的一些傳統認知。原來，香港這個亞太區航空樞紐的功能並不只是飛機起降、運人運貨；全球超過 30 家著名航空公司所採用的空中巴士或波音飛機，其中的勞斯萊斯飛機發動機和零配件，均是在香港進行檢測、維修、改裝、保養。而 A 公司是勞斯萊斯全球維修保養網路中獲得最多金獎認證的服務供應商，為業界提供最高品質和最為全面的發動機維修服務。目前，A 公司在港有 40 個航空發動機維修車間，每年能處理約 250 台大型勞斯萊斯發動機，成立至今已修理了近 4,000 台，來自亞洲、歐洲、中東、西非的超過 30 家知名航空公司。

這個案例讓我思考，為甚麼飛機發動機維修這種跟香港四大支柱產業相差甚遠、甚至跟香港工業化時期所依託的輕加工業也非常不同的重型行業能在香港發展起來？這個行業給香港社會和經濟帶來了甚麼影響？未來有沒有在香港擴展的可能？

事實上，飛機發動機維修便是一個典型的 2.5 產業，銜接上游的發動機製造和下游的航空服務，本質上算是服

務業（維修服務），但同時具有製造業的諸多職能，包括研發、加工、組裝等。

這一行業有兩個顯著的特點：第一，行業准入門檻非常高，對核心技術和知識水平、服務水平、企業誠信、交付週期，乃至知識產權保護、法律配合等等都有極高要求，必須得到客戶深度和全面的信賴。第二，對基本的成本不敏感，也就是說對工資水平、土地價格的接受度較高，因為發動機作為飛機的核心部件，決定了飛行安全，本身價值極高昂，行業增值高，安全性、可靠性才是首要的考慮因素，人力和土地成本倒不是業界最關注的。

而香港能出現這一行業的區域領先者，既有企業層面的因素，也有制度層面的原因。企業層面，A公司整合了母公司勞斯萊斯作為原始設備製造商的實力及在飛機發動機維修領域數十年的積累，技術精湛，設施一流，並在誠信、合規方面有多年的良好記錄，得到行業信賴。但是，必須指出，在過去40年香港「去工業化」的過程中，A公司這樣一個佔地不算少、成本不低、也不算輕型的企業，並沒有跟隨其他製造企業的步伐而轉移出香港，皆因這個行業的發展與香港本身的制度優勢有密切關係。

一方面，交付週期的確定性和快捷性是這一行業的關鍵因素，而飛機供應鏈極長，涉及無數零部件供應商，供應鏈整合極為不易。香港作為自由港和國際物流樞紐，無關稅，海關程序極其簡便，物流高效，保障了各個零配件的靈活、快捷進出，是供應鏈管理樞紐的理想地點。

A 公司在交付週期上一直保持行業領先，不僅能彌補香港土地和人力昂貴的劣勢，反而使綜合成本極具市場競爭力 —— 這一點，無疑得益於香港本身的制度優勢。

此外，安全性、可靠性是行業的首要的考慮因素，在技術、誠信、合規、知識產權保護、專業服務精神等方面都必須有長期的良好記錄，才能得到客戶信賴。除了 A 公司自身的良好記錄，香港整體在這些方面一直比較有國際信譽，不是短期之內會被輕易超越的。且香港的普通法體系亦與海外市場相一致，這些都是 A 公司能立足於國際的必要條件。

再者，這一行業增值不低，對基本成本不敏感，亦符合香港的現實條件。

飛機發動機維修在香港的發展，也給經濟帶來了乘數效應，與香港航空業互相促進的同時，推動了以香港為樞紐的航空零部件的貿易和流通，並帶動了香港航空技術的科研。據悉，香港理工大學聯合波音公司，於 2012 年在香港成立了航空服務研究中心（ASRC），開發適用於航空維修行業的新技術，而 A 公司便是 ASRC 的技術委員會的一級成員，與 ASRC 共同開展研究。

在訪談中，A 公司表示其產能一直處於飽和狀態，此行業有在香港進一步擴展的潛力，但難點在於員工招聘。行業的薪酬不低，招聘無學歷和背景要求，公司提供三四年培訓，完成後可以拿到香港民航處牌照，亦有升職空間

和途徑，但仍然面對人手不足的境況。其原因主要是香港沒有製造業文化，年輕人多對藍領崗位有偏見，對這一行業缺乏認識。

顯然，單靠市場自身的力量，即使有需求，該行業亦難以進一步擴展。要進一步拓展飛機發動機維修業，使之成為香港潛在的新增長點，恐怕也需要非正常市場的因素來推動。

奢侈品的售後維修和服務

幾年前，一位商貿企業高管朋友曾與我分享過他公司一個未能成功的商業案例。某國際奢侈品牌找到他的公司，希望可以在香港為其奢侈品（如手袋）設立亞太區售後維修和服務中心。隨着亞太區中產階層增加，該品牌的亞洲客戶快速增長，但客戶分散在多個國家，需分別在每個國家內設立售後服務和維修點，成本高昂。尤其替換的配件是集中供貨，再小批量分發至不同國家，效率低下，且需分別在各國培訓高級技術人員來進行維修，亦是難題。

該品牌有意在亞太區設立統一的維修服務中心，將待維修產品及所需配件和材料集中匯入該中心，維修後再寄回各個來源地，可以做到高質、高效並節省成本。由於這一模式涉及奢侈品的跨境流通，通關手續、關稅、檢驗等流程非常關鍵；而香港的自由港地位、海關的寬鬆管理、機場的國際網絡、可靠的法律體系，以及時尚產業方面的

優勢，使香港成為該品牌在亞洲建立統一維修中心的唯一選址考慮。

奢侈品的售後維修和服務也是典型的 2.5 產業。對香港經濟及這位朋友的企業來說，都是一個非常難得的發展機遇，讓香港在高端品牌的供應鏈中佔據了一個非常重要的功能。從以往簡單的流通和零售，擴展成為一個覆蓋全亞洲的售後維修和服務樞紐，不但能給香港的貿易和物流帶來新的商機，還能讓香港參與到與製造環節緊密結合的、需要較高技術和工藝水平的維修服務中，並可能帶來其他連帶的增值服務，對香港就業的多元化有莫大益處。

可惜的是，因無法找到合適的用地以及其他一些因素，這個大好項目最終在嘆息中告吹。可見，這一類的發展，單靠市場自身的力量，難以成功發展起來。

儘管如此，這個案例給了我極大的啟示。隨着亞太區中產階層的壯大，各種各樣的奢侈品和高端品牌的用戶迅速增加，在產品的檢測認證、維修、保養，及其他各種服務方面均有很大的需求。上面這個未能落實的模式可以在很多領域擴展，成為香港從純流通服務向技術和工藝性增值服務轉型的契機。

疫苗、醫藥、醫療相關產業

疫苗的研發與生產亦是一個適合香港發展的 2.5 產業案例。近年，大量內地居民來港注射各類疫苗，我自己就

曾多次接待過來港注射 HPV 疫苗（即子宮頸癌疫苗）的內地朋友。HPV 疫苗需要分三次注射，這意味着，朋友需要三次來港注射疫苗，也順便遊玩、購物，為香港醫療、旅遊、餐飲、零售等產業的 GDP 作出貢獻。

不過，深入分析，因 HPV 疫苗是進口，並非本地生產，香港在整個供應鏈中扮演的是流通和醫療服務（為客戶注射）的功能。在醫療層面，醫療從業人員在香港整體就業結構中屬於頂端，但數量極少，可以說乘數效應並不大。倒是在流通層面，疫苗的流通過程有嚴格的標準和要求，需冷鏈運輸，香港的優勢得到了發揮；但可惜香港僅僅參與了供應鏈的下游，未能往上游延伸，未能提供更多的增值，對經濟帶來的促進作用不大。

目前，COVID-19 疫情尚在全球蔓延，疫苗的研發和生產成為控制疫情的關鍵選項，對世界公共衛生安全有戰略意義。在此次 COVID-19 疫苗研發的全球競逐中，香港並未缺席。早前，香港大學醫學院微生物學系新發傳染病國家重點實驗室，宣佈與國際組織流行病預防創新聯盟（CEPI）合作，期望盡快研發出新冠疫苗[1]。

雖然在應對此次新冠疫情方面香港有諸多需要改善

1　根據實驗室提供的資料，在疫情爆發後短時間內，研究團隊已利用疫苗技術平台，製備了疫苗種子；該項研究並已得到科技部立項支援，是國家五個重點疫苗技術策略之一。見 https://www.hku.hk/press/c_news_detail_20788.html。

之處，但亦不應完全抹殺香港在應對新發傳染病方面的實踐經驗和科研儲備能力。香港人口高度密集，又是全球的重要流通樞紐，公共衛生風險極高，過往已多次面對和處理傳染病疫情乃至危機。特別是在 2003 年沙士一疫，香港遭受沉重打擊，卻也積累了應對高傳染性疾病疫情的實際經驗。在醫療科研方面，香港不乏世界頂尖人才，兩所大學的醫科成就突出，在數個範疇內的研發能力在全球佔有一席之地。此外，香港醫藥體系相對完善，管理嚴謹，是全球人均壽命最長的地區，吸引了不少周邊地區的人到香港來就醫、注射疫苗、購買藥物。這些優勢，使香港在醫藥、疫苗等產業方面均有進一步發展的空間。

很可惜，在疫苗產業方面，香港的角色一直僅限於最上游的研發，未能發展出中游至下游的整體產業鏈，生產出「香港製造」的病毒測試劑及疫苗。由於疫苗完全依賴境外採購，成為香港衛生防疫體系的一大漏洞。例如，2015 年發生甲型 H3N2 流感疫情時，香港就因無法自行生產疫苗，亦未能及時採購到足夠數量，以致未能及時控制疫情的蔓延。在香港過往多次傳染病疫情中，這種情形並不鮮見。而在經濟層面，止步於疫苗研發，缺乏將研發成果商業化的配套產業鏈，香港更因此錯失了一個可能為社會創造高品質增值和就業、並帶動周邊產業發展的機會。

在很多人的思維中，香港土地匱乏、成本高、勞動力有限，無法發展製造業。但事實上，疫苗的研發和生產並不需要大量土地和大量勞動力的投入；其生產過程亦毋須大規模重型機械，屬於輕型的、知識／技術密集型的產

業，能為香港帶來不少中層就業，並推動科研水平提升，且香港長期在醫療、製藥方面的優勢也可以發揮出來。

此外，疫苗供應鏈上的每個環節，包括研發、生產、流通、服務等，均需符合相當高的標準及規範，其供應鏈因此結合了大量的中、高層服務。而香港的管理和服務水平廣為公眾信賴，這一固有優勢，完全可以在疫苗產業上發揮出來。

近年，內地的疫苗產業曾數次被揭發不規範營運，每次醜聞被揭發，便會引發到香港注射疫苗的熱潮。很可惜，每次這樣的熱潮出現，香港首先是擔心本地供應不足，因為疫苗並非本地生產，無法控制供應量。

其實，香港不妨從另一個角度思考：消費者信心對疫苗產業的發展尤為重要，而信心重建不是一朝一夕的事，完全可以成為香港大力發展疫苗研發和生產的契機，打造「香港製造 + 香港服務」的品牌優勢。如果香港能通過購買先進的疫苗研發專利或結合自己研發，在本地建立起達到世界標準的生產線，可以滿足自身及周邊市場的需求，既能為香港的產業結構帶來新鮮血液，亦為亞洲國家提供更多價格相宜的選擇。

此外，此次疫情對全球供應鏈體系和全球貿易帶來了重大衝擊，亦衝擊了「全球化和自由貿易讓我們有錢就能買得到想買的東西」的觀念。「黑天鵝」頻發的時代，供應鏈的地域空間跨度愈大，安全性相對愈弱 —— 這是很

多國家從疫情中得到的啟示。未來，適當縮短涉及公共衛生安全的關鍵物資的供應鏈地域空間跨度，將成為很多國家的選擇。

在此背景下，香港必須用新的思維來看待公共衛生風險。戰略性的關鍵物資，若全盤依賴外界供應，一旦發生不可預期的危機，社會將陷入被動。2020 年 2 月初，內地疫情正水深火熱，全國均「一罩難求」，毫無口罩生產能力的香港陷入恐慌，政府迫於無奈向內地請求調撥口罩供應，這一行徑被不少市民所不齒，遭到諸多抨擊。所幸，民間自發啟動口罩生產，政府隨後提供支持，香港長遠口罩供應有了一定的保障。而香港發展疫苗產業，不但可行，亦是維護香港公共衛生安全的客觀需要。

這一思維並可以擴展到醫藥、醫療器械、保健產品及其他公共衛生安全相關的產業，不但能進一步提升本港衛生防疫系統的應對能力，為國家乃至全球的公共衛生安全出一分力，亦能豐富香港的產業和就業結構。

適合在香港發展的 2.5 產業的特徵

除了前文提及的產業，其他有潛力在香港發展的 2.5 產業還有不少，包括食品、高端服裝定制或時尚產品、高端珠寶和鐘錶、汽車關鍵零配件等等。

這些產業有幾個共同特徵：其一，均為知識、技術、工藝或資本密集型產業，進入門檻不低，增值水平亦相對

較高，能為香港創造品質不錯的就業。其二，這些產業大多屬於輕型的製造服務，對土地、勞動力、原材料的需求量不太大，符合香港的現實條件；或者如飛機發動機維修，產業比較重，但對成本不敏感。其三，可配合亞太地區不斷上升的消費需求，有潛力服務亞太甚至更大的市場。其四，這類產品的供應鏈通常比較複雜，其生產過程對管理水平、生產工藝和效率、知識產權保護、產品物流運輸效率、社會誠信要求較高，而香港在服務業和制度上的優勢正好可以發揮出來，充分利用了本地的條件，有潛力在香港發展。

除了上述四點，尚有很重要的一點，同時也是 2.5 產業的本質，就是這類產業涉及大量的服務投入，包括研發、設計、檢測認證、包裝、標籤、維修、貿易、物流等等，因此正好利用了香港的服務優勢，並會帶來很大的乘數效應。即使僅僅是部分生產工序在香港進行，亦能帶動相關服務的需求，對穩固香港服務業的優勢大有裨益。

更進一步，若香港能掌握某些產品的關鍵工序，更會使香港對產品的流通具有控制權，大大提升香港對產品供應鏈的「粘性」，可能帶動與產品有關的各種增值活動在香港發展，推動產業和就業結構的多元化。

總體來看，大力發展「2.5 產業」，既能帶動香港產業的實體化，又能發揮香港固有的服務業優勢，推動香港從流通服務向技術和工藝性生產和服務拓展，為香港創造中等增值的就業，豐富年輕人的就業選擇。

3.4 構建科技產業生態體系

此處用了「科技產業」，而非「高科技產業」的概念，並非僅僅是想更簡潔。正如前文指出，香港產業發展需要高、中、低增值兼顧；同樣，香港應大力推動科技產業的發展，不應拘泥於這些科技是否最「高」。

科技產業一直是香港的重大短板，諸多專家批評香港研發投入遠遠不足。無疑，研發是科技產業發展的基礎，這方面投入不夠，自然難期望科技產業得到發展。但是，科技創新雖來源於基礎性研發，但也超越了研發；科技研發的成果，需要產業化，變成商品和服務，並在市場上銷售出去，才能真正形成產業。而且，往往是研發成果的產業化過程，才能為經濟、社會帶來巨大的乘數效應，成為經濟發展的動力。因此，研發只是科技產業鏈條的一小部分。大量投入研發，並不一定能保證產業能成長起來。

長期以來，香港的高等教育有一定的優勢，本地大學在全球各類排名中佔有相當的地位，數家本地大學的計算機科學系、電子工程學系及數學系的排名均在世界頭 30 名內；而化學、化學工程、醫學、物理及天文學等學科成就也頗為突出。但過去多年，即便是這些領域的科研具全球競爭力，卻很少有香港科技企業達到世界領先的水平和規模。根本原因在於，香港科技產業發展走入了只考慮研發、不思考後續產業鏈條的誤區。

有人認為，香港擁有亞洲領先的大學和科研隊伍，而深圳有強大的製造業和科技產業基礎，因此在香港培養科研人才、進行研發，然後將科研成果拿到深圳產業化，是兩地優勢的完美結合。粵港聯席會議機制下的「港深創新圈」，長期以來正是以這種「香港研發，深圳產業化」的單向模式運作，至今已十多年。但如今，深圳科技產業突飛猛進，成為全國乃至全球的科技先鋒，而香港本地科技產業難有寸進，新的經濟增長點一直未能形成，社會亦無法得到科技成果產業化所帶來的乘數效應。根本上，在這種港深科技合作模式下，香港的科技產業沒有可能發展起來。

研發本身耗資巨大，而實驗室裏的研發其實只需要極少數的科研人員，就業方面的帶動作用很小。多年來，香港本地的研發成果不是轉讓給他人，就是被專利所有者帶到其他地方去產業化，相對投入而言在本地所產生的經濟效益十分有限，也無助於香港本地的產業發展 —— 這正是香港在科研方面的不少重大投入一直不能推動科技產業在本地發展的根本原因。可以肯定的是，如果我們未來只着眼於增加政府在科技研發的投入，即使香港科研水平得到提升，也未必能推動科技產業在香港的發展。

若把研發投入比喻為種子，研發成功可以算是開花；但只有研發成果變成了產業、佔領了市場，才能讓這枚種子結出果實，讓社會充分受益。在過去這種「香港研發，其他地方產業化」的模式下，香港的角色是耕種、開花，之後移植到其他地方去結果。對整個粵港澳大灣區來說，

這是港深兩地優勢的結合，是好事；對於這些最終開花結果的企業而言，無疑也是可喜的發展——也許留在香港它們未必能結果。不過，站在香港的角度，「狹隘」一點來看，在這種只耕種，然後轉移出去結果的模式下，本地科技產業當然不可能發展起來。大家熟悉的全球無人機產業的領先者深圳大疆，其創辦人汪滔便是香港科技大學培養的科技人才，他在科大的研究成果，便是今日大疆無人機的原型——只是，這個果實，沒能結在香港。

近年，香港積極推進科研成果在本地的產業化，科技園大力投入，孵化初創企業。初創企業的成功率大約就是2-5% 左右，往往孵化多家企業僅僅一兩家能成功在市場立足。但現實情況是，香港科技園近期培育的一些初創企業剛剛立足於市場，就轉移出去。香港的幾所大學近年亦大力支持老師或學生將科研成果產業化，但同樣，大部分項目都是到內地（特別是深圳）去產業化，本地科技產業依然發展不起來。

建立產業生態系統

總結來看，香港與其他地方在高科技產業方面的合作模式有三類：其一，香港專注研發，將科研成果拿到其他地方產業化；其二，香港專注科技人才培養，成為教育樞紐，人才到其他地方發展；其三，香港提供高科技產業的天使及風險投資或其他金融服務，推動其他地方的高科技產業發展。必須認清的是，這三種方式的確充分利用了香港優勢，香港本身無疑亦得到益處，未來還應持續下去。

但必須指出，本質上，這三種模式對香港本地科技產業的發展並無真正的推動作用。

今天，不少科研成果已經具備全球流動的特性，例如Google 的人工智能體系便是來源於英國企業 Deep Mind；蘋果手機中的很多核心技術其實是通過併購、外包等方式從美國以外的國家引進的。研發成果在哪裏誕生，有時並不是最重要的方面；要奪取產業的制高點，既需要領先的科技研發能力，但更在於將科研的成果產業化並佔領市場。也就是說，科技產業的發展不僅僅需要研發，也需要供應鏈中、下游的各種環節。只有上、中、下游緊密結合，形成一個產業鏈條乃至生態體系，才能讓科研成果變成產業，成為經濟的新增長點，給年輕人帶來新的就業機會。

因此，香港未來發展科技產業既要推動研發，更要從整體產業鏈條的角度去思考，以及完整的產業生態。我們不僅需要大力推動本地研發，也需要從外界引入適當的研發成果；不僅需要在本地培育初創企業，也需要從外界引入初創或相對成熟的企業；不僅需要扶持科技企業本身，還需要扶持產業上下游的其他相關環節；不僅需要推動科技的創新，也需要借科技的力量推動商業模式的創新；不僅需要大力培育人才，也需要吸收、挽留人才。

有看法認為，香港太小，且本地工業式微、實體基礎十分薄弱，因此生態系統不一定在香港建設，可以在大灣區內建設。從大灣區的角度，這種思維可以讓整體效率更

高。但若站在香港的角度，實事求是地看，過去多年的事實已經證明，這種思維只會讓香港發展科技產業成為空話。只搞科研，香港的科技產業必然只有耕種，不能開花結果 —— 這是不可迴避的現實。

與 2.5 產業的發展相結合

今時今日，很多顛覆性創新，正是基於製造業而發生。工業 4.0、智能製造、物聯網、產業互聯網、供應鏈數字化等等，都是依託實體、依託製造業而發生。若想不被全球新的產業浪潮所拋棄，香港的科技產業發展無法迴避製造的環節。不過，香港應從自己的優勢和局限出發，積極參與，應有所為、有所不為。

故此，我認為，香港需要選擇一些輕型、以科技為主要投入，但不需要太多勞動力和土地投入的產業，從上游的研發，延伸到產業的中游甚至下游，建立起產業鏈和生態系統，只有這樣才能吸引研發成果在本地生根、發展、形成產業。從這一點上看，香港科技產業的發展可以結合前文所提出的 2.5 產業，發展科技型 2.5 產業，也許可以走出一條新的道路。

同時，科技服務業（也就高科技產業鏈上的服務環節）與科技、創新、研發緊密相關，但比高科技產業更「軟」，同樣屬於 2.5 產業的範疇，亦比較適合香港自身的發展條件。例如，阿里巴巴集團創始人馬雲曾指出，現在已從 IT 時代，進入到 DT 時代，即 data technology。大數據被比

喻為各行各業，包括服務業、製造業、農業的重要能源。因此，數據和信息的處理與分析對未來的產業發展極為重要。而香港是一個信息完全自由流通的地方，為這些數據的來往、儲存、處理提供了方便和條件，這對數據的管理和開發有很大的吸引力，值得大力推動。

另外，由於研發和市場的距離愈來愈近，知識產權的保護愈來愈重要。而香港在這方面有一定優勢，對科技產品的市場測試、交易等科技服務業企業有一定的吸引力，也是可以進一步挖掘的方向。

改革港深創新圈合作模式

未來，港深創新圈的模式需要改變。除了繼續「香港研發，深圳產業化」的舊有模式，也可以引入「深圳研發，香港產業化」的新模式。只有雙方優勢雙向互動，才能均衡發展、持續合作。

不過，我與周邊的人就這種模式進行溝通時，常常被質疑其可能性：「水往低處流」，研發成果產業化過程往往是從高成本地區轉移到低成本地區去進行，從深圳轉移來香港怎麼可能呢？

可是，又為甚麼不可能呢？近期，我常在超市中買到新加坡出口到香港的雞蛋，這讓我大感驚訝。人口規模比香港更小、土地資源同樣匱乏、成本與香港不相上下的新加坡，居然出口雞蛋這類農產品到香港？讓人驚訝的不止

雞蛋出口，2019 年，新加坡第二產業增加值在經濟中所佔比重達到 22%（香港為 6%）。另一個與香港人口規模接近、成本同樣高昂的經濟體瑞士，2019 年第二產業增加值更達到 25% —— 可見，凡事無絕對，水並非一定往低處流，高成本地區並非沒有發展實體產業、進行科研成果產業化的可能性。

在很多人的思維中，製造業屬於低增值產業。在廣為流傳的「微笑曲線」[2] 上，製造環節便是增值最低的那一點，因此企業家應該盡量向兩端的服務靠攏，減少甚至放棄中間的生產環節。香港過去多年走的正是這條路，而且主要是往下游的商貿服務走。

無疑，「微笑曲線」有其代表性，適用於諸多行業，特別是那些在生產環節進入門檻低、需要大量勞動力、容易被替代的產業，如早已從香港轉移出去的服裝、玩具生產等等輕加工業。然而，「微笑曲線」將供應鏈上各個環節之間的關係過分簡單化和機械化，也忽略了產業和產業之間的巨大差異。用「微笑曲線」來看待所有製造環節，會產生重大謬誤。

例如，對很多產品來說，製造環節的難度並不亞於前端的產品設計和後端的品牌營銷。一把瑞士軍刀、一口德

---

2 「微笑曲線」由台灣宏碁電腦創辦人施振榮先生在 1990 年代初提出，該理論認為，在產品的供應鏈上，中間的組裝和製造環節增值最低，利潤集中在上游的設計和研發、下游的營銷和品牌等服務環節。

國炒鍋，其設計並沒甚麼難處，很容易被模仿。然而，其生產對於工藝水平、精密製造有極高的要求，正是其獲取利潤的重要環節，並非每個國家都能做到。另一個例子是高端服裝定制，其製造環節對工藝有很高要求，入門門檻和利潤也較高。

顯然，高工藝、高技能水平的製造環節，根本上打破了「微笑曲線」的理論，其利潤並不亞於，甚至可能高於前、後端的服務環節。目前很流行的一個詞彙「工匠精神」，便是指對在製造環節上對技藝水平的追求，從而大大提升製造環節的價值，雖然這些製造不一定是高科技。

在某些情況下，「微笑曲線」甚至會被徹底顛覆，變成「哭泣曲線」，即製造環節的增值高於兩端的服務增值（見下圖）。例如，不少國家均已掌握飛機發動機的設計，但其製造、加工和組裝過程有極高的要求，只有少數企業能做到，製造水平成為整個產品定價的核心，其供應鏈便是一條「哭泣曲線」。

圖 31：從微笑曲線到哭泣曲線

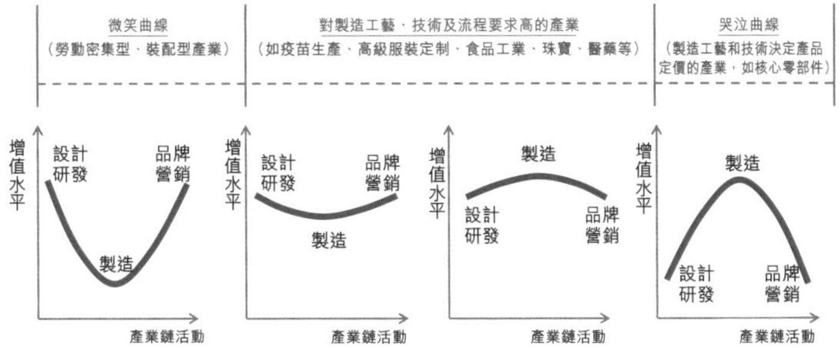

圖片來源：作者。

可見，製造並不等於低增值。更何況，科技研發成果的產業化並不一定就是大規模的製造，深圳研發、香港產業化並不是憑空想像，並非完全沒有發展的基礎。而且，對於一些有志於在內地以外的市場發展的企業，香港是一個「走出去」的良好跳板，能提供完整的服務及國際化的網絡，與國際市場無縫接軌，因此到香港來產業化有機會是可行的選擇。

如果港深科技產業的合作，能從單向的合作模式變成雙向的資源流動，香港不但為深圳輸送研發成果和人才，也從深圳吸收研發成果和人才，雙方各展所長，優勢互補，將使雙方共同受益，而香港的科技發展也不至於成為空話。故此，我強烈建議香港的政府官員向其他大灣區的城市學習，到深圳及其他城市去招商引資，引入香港需要的企業和產業，並提供適切的政策、服務、設施的支持，彌補自身的短板，推動香港科技產業的發展。

3.5 貿易及物流業的轉型升級

對香港經濟舉足輕重

貿易及物流業是香港四大支柱之中最大的行業，2018 年佔香港 GDP 的 21.2% 及就業人數的 18.6%。目前，香港共有逾 10 萬家進出口貿易公司，大多為中小型企業，共僱用約 54 萬名員工。物流企業亦有逾萬家，共僱用 17.7 萬名員工。

由於香港幾乎沒有製造業，本地產品出口極少，本地消費市場亦不大，因此一直扮演轉口港的角色。對大部分經香港流通的貨物而言，香港既非貨源地，亦非目的地，而是作為貨物流通的一個中間環節。

香港地方小、成本高；貨物之所以選擇經香港流通，端賴貨物流經香港時所遇到的阻力最小、通達性最好、服務齊全及優質，可以協助企業降低整體流通成本、提升貨物的流通效率。這一優勢，使香港得以成為亞太地區的貿易和物流樞紐。而貨物經香港進行流通，亦為香港帶來金融、工商業服務等多種服務需求，帶動其他產業的發展。

近年出現就業萎縮

然而，香港的貿易及物流業近年正面臨嚴峻的挑

戰。2000 至 2018 這 19 年間，貿易及物流業的增加值年均增長率低於總體 GDP 的年均增長率，導致其佔本地生產總值的百分比從 2000 年的 23.6% 下降至 2018 年的 21.2%，而就業人數在總體就業人數中的比例更從 2000 年的 23.8% 下降至 2018 年的 18.6%。在就業所佔比例下跌的同時，就業人口的絕對數量也大幅減少。與 2007 年貿易物流業的就業頂峰時期相比，到 2018 年，該行業僱傭人口從 83.6 萬人下降到 71.9 萬人，減少了 11.8 萬人，減幅達到 14%。

在香港的四大支柱產業中，我們可粗略地將金融視為高增值產業，旅遊視為低增值產業。貿易及物流、工商業服務則屬於中等增值產業，是香港的產業結構的中堅，為香港貢獻了不少中層就業崗位。貿易及物流業在過去幾年出現就業萎縮，無疑直接導致了香港中產階層的萎縮。

面臨多方面挑戰

深入分析，可以看到香港貿易、物流業正面對多方面的挑戰。

其一，香港的貿易和物流模式存在缺陷。貿易和物流業依託實體經濟而發展，而香港實體產業薄弱，本身無貨源，貿易及物流主要是依賴轉口和轉運。而在這兩種模式下，產品流經香港時，在香港本地進行深度增值的活動亦很少，香港本地並未能深入參與產品的價值鏈中，為產品帶來的增值有限，且容易被替代。尤其是轉運活動，佔香

港港口吞吐量約 70%，但貨物僅僅是經過香港，完全不會在本地進行增值，對本地經濟的貢獻更少，卻帶來污染、航道擁擠等問題，並不值得大幅度鼓勵。即使是轉口貿易模式，不少貨物事實上也僅僅是短暫在香港倉儲或進行拼箱，增值不高。

近年，亞太區運輸基建不斷完善，市場日趨開放，區內的經濟體及城市之間愈來愈多直接開展貿易和運輸，需要經第三方轉口／轉運的情況減少。與香港貨源重疊度很高的珠三角城市，其港口、機場早已成熟，可以在技術層面勝任很多流通的功能。且不少城市在邊境管理、海關手續等方面不斷創新，對新技術的應用已超越香港，效率提升很快。加上這些城市貿易網絡不斷擴展、服務業日趨成熟，愈來愈多企業直接與海外開展對外貿易，很多貨物不再需要借助香港機場、港口流通。而且，內地與周邊國家簽訂了多個自由貿易協定，協定成員國之間直接付運能享有關稅優惠，因此愈來愈多由香港企業作為中介人的貨物貿易從內地直接付運，通過香港進行的離岸貿易的模式正逐漸取代轉口貿易。

簡單來說，離岸貿易的產品亦不經香港轉口，僅僅是貿易合約和單據經香港處理。據政府統計處的資料顯示，香港離岸貿易總值在 2008 年已超越轉口貨值；2014 年，離岸貿易創歷史高位，總額達 52,302 億港元，是轉口貿易的 145%；其後幾年，離岸貿易雖然回落至 5 萬億港元以下，但仍較轉口貿易高出 1 倍有多。

而在離岸貿易模式下，本地增值比轉口貿易更低，對產業、就業的帶動作用也更少。2010年，離岸貿易當中的「商貿服務」涉及的毛利比率為6.1%，「與離岸交易有關的商品服務」涉及的佣金比率為5.5%，而同期轉口毛利比率達15.9%。近年，離岸貿易毛利率更有進一步下降的趨勢，企業利潤率不斷下降。

其二，由於完全依賴中轉，行業容易受外界的影響而大幅波動。2017年，香港本地產品出口只佔總體出口的1.1%（同年新加坡本地貨物出口佔總出口的比例超過50%）。在貨源方面，近年內地製造業成本不斷上升，全球生產基地有從內地向東南亞及其他地區轉移的趨勢。而香港的貿易腹地主要集中在內地的珠三角地區，與周邊、尤其是東盟國家製造業的聯繫不夠緊密，貨源出現萎縮的跡象。

在市場方面，香港貿易商的傳統銷售市場集中在歐、美等發達國家，但這些傳統市場自2008金融危機以來消費不景，直接影響香港的貿易及物流業。

其三，香港自身容量（capacity）的不足亦制約了行業的發展。以物流業為例，香港在過去10年僅僅增加了幾個有規模的倉庫，租金飆升，業界甚至存在有業務也無容量的情況。此外，大多數中小型企業依賴臨時租用的倉庫來運作，在土地長遠用途不明確、租約不穩定的情況下，不敢做長遠投資，提升科技水平和運行效率，只能沿用成本最低的原始模式運作，在今日的環境下難有競爭力。

跨境電子商務帶來顛覆性風險

然而，更重要的挑戰，來自於跨境電子商務崛起對傳統商貿模式帶來的顛覆性風險。

過去十多年，電子商務在全球，尤其在內地經歷了爆發性的增長。2015 年，內地一躍而起成為全球最大的電商市場。2019 年，內地電子商務交易額達 34.81 萬億元人民幣，其中網上零售額達 10.63 萬億元，按年增長 16.5%，實物商品網上零售額 8.52 萬億元，佔社會消費品零售總額的比重上升到 20.7%。[3]

同時，電子商務的熱潮從內貿燃燒至外貿，跨境電商（cross-border e-commerce）成為全球熱點。在進口電商方面，內地不斷擴大的中產階層借助互聯網平台（如天貓國際、亞馬遜中國、京東全球購等）從全球購物，出現海外直郵和保稅集貨等多種進口電商模式；在出口方面，中國賣家亦通過 Amazon、eBay、速賣通等電商平台，直接將產品賣給全球買家，出現了海外倉、跨境郵政小包等物流模式。2019 年跨境電商交易規模佔中國進出口總值 31.54 萬億元的 33.29%，且比例正穩步上升[4]，預計跨境電商在中國推動外貿發展上的作用只會愈加重要。

3　中華人民共和國商務部電子商務司，《中國電子商務報告 2019》。

4　網經社電子商務研究中心，《2019 年度中國跨境電商市場數據監測報告》。參見：http://www.100ec.cn/detail--6559007.html。

中國是全球第一貿易大國，這種貿易物流模式的改變，影響深遠。其中一個直接結果，便是貿易的「新中介化」：一方面，消費者和賣家在互聯網平台上直接對接，傳統貿易模式下的很多中間環節，包括出口商、進口商、分銷商，甚至零售商，都被省略掉了；但同時，很多類似阿里巴巴、順豐這樣的「新中介」，在互聯網經濟的大潮中應運而生。可見，在互聯網平台上，跨境電商根本上顛覆了傳統的貿易和物流模式。

馬雲曾在 2015 年的 APEC 峰會上提出了「eWTO」的概念，他指出，WTO 及政府間的各種貿易協定基本上只有大企業才能享用；而在互聯網平台上，中小企業正開拓出自己的跨境貿易渠道和網絡；因此，未來應該在互聯網平台上，由企業主導，簽定 eWTO 協定，促進全球中小企業開展跨境電子商貿，推動新的全球化。

姑且不論馬雲的 eWTO 建議是否可行，但互聯網所推動的跨境電子貿易，已經成為不可阻擋的潮流。

升級及模式創新刻不容緩

而香港在電子商務方面一直落後，在新商業模式中的參與嚴重不足，未能充分爭取到新經濟模式下的貨源。香港逾 10 萬家貿易公司，過往一直扮演着內地或亞洲的生產基地與歐美品牌商和零售商之間的橋樑，在這種「新中介化」的趨勢下，無疑面臨被顛覆的危機，從而危及香港作為國際貿易、物流樞紐的角色。

總體而言，香港傳統的貿易及物流模式存在弊端，增值不高，容易被替代；加上貨源地發生轉移、傳統市場增長不足、來自周邊城市的競爭、香港設施容量的限制等因素，使香港的中介地位不斷減弱，企業經營環境轉差，盈利空間亦開始收窄。更不可忽視的是，跨境電子商務的浪潮席捲全球，正對傳統商貿模式帶來顛覆性的挑戰。香港若不積極探索新商業模式和新經營領域，貿易及物流這一核心支柱產業在未來數年可能會面對危機。轉型升級，已迫在眉睫。

供應鏈模式的升級

我曾經於香港某大型物流企業接觸到一個供應鏈模式升級的案例。歐洲某著名酒精飲料生產商，擁有多個酒類知名品牌，產品銷往全球多個國家和地區。過往，該公司供應亞洲的產品均在歐洲生產、儲存，每個亞洲國家的銷售商獨立地向公司下訂單，公司按照每個國家不同的進口標準、法規等要求，分別進行包裝及標籤，再從歐洲把產品分別運送到每一個亞洲市場。隨着亞洲銷量上升，這種模式的弊端日趨明顯，包括供貨週期長、對市場變動的反應緩慢、需保留較大量存貨等，而且往往會因應付大訂單，難以保證小訂單能準時交付。

隨後，這家物流企業為該公司設計了全新的解決方案：在亞太區內選擇適當位置，建立一個物流中樞，供應給周邊中、日、韓、澳、印等十多個市場；公司事先將適量未包裝的產品儲存在中樞，收到各國訂單後，針對最終

市場進行包裝和標籤，然後運輸到市場。由於是從亞洲直接供貨，可以大大縮短供貨週期和降低運輸成本，而且貼近市場，靈活度大增，可大大減少庫存，大幅提升效益。

最終，這個解決方案為這家香港物流企業贏得這單生意。但可惜的是，在物流中樞的選址上，香港卻敗給了新加坡，儘管香港在貨物出入的方便程度上更勝於新加坡。其原因，便是新加坡政府在吸引投資、推動產業轉型升級方面尤為進取，在稅收、土地使用等方面為投資者提供了各種優惠及配合條件；而香港政府因懼怕「官商勾結」的罵名，不願為企業提供任何配合條件，因而錯失了機會。

如今，這個項目早已在新加坡順利運營，既大大提升了供應鏈的效益，亦提升了新加坡在貿易物流方面的角色。新加坡不再僅僅提供倉儲和物流服務，而是成為該酒類企業的亞洲供應鏈中樞，管理區域內的訂單，統一調配區內的存貨和供貨，並進行裝瓶、包裝、標籤等工序，增加了提供的增值，在供應鏈上的地位亦得到提升。

在嘆息香港未能爭取到該項目的同時，我們不妨思考這一案例為香港貿易及物流業的轉型升級帶來的啟示。

香港應成為區域複雜供應鏈樞紐

事實上，亞洲區域內一些重型、大批次的產品，其流通愈來愈多從生產地直接運輸到消費市場，不再需要經過香港中轉，這是必然的現象。但是，這並不意味着香港在

國際流通方面不再能扮演新的角色。

過去數十年，隨着亞洲，尤其是內地中產階層的崛起，亞洲消費市場不斷擴大，消費亦出現升級。不過，比起歐洲，亞洲區內的市場整合程度較低，市場相對碎片化。例如，上文這個案例中，每個亞洲國家均有自己的酒類入口標準，必須針對每個市場提供不同的包裝和標籤，對售賣地點的限制、法律規則、稅收等亦有很大的分別，供應鏈比較複雜。

面對這種複雜的供應鏈，正如案例所顯示的，將產品從生產基地運輸到消費市場的「點對點」的直接物流模式，反而並非最有效的流通模式。這種時候，一個地理位置適中、產品能方便出入，並能提供各種優質服務的供應鏈管理中樞，將能大大提升供應鏈效率，減少成本。

而香港作為全球最自由的經濟體，貨物進出全球最為便利；海關、機場、港口及整個物流運輸體系具有靈活、高效及網絡廣泛的優勢，加上法律體制和低稅率等諸多因素，基本條件比新加坡更優越，完全有條件成為這類複雜供應鏈的區域流通樞紐。

我們完全可以將上述案例中的酒類亞洲流通樞紐模式，擴展到其他產品範疇。例如，藥品的供應鏈比酒類更為複雜，不同國家的進口標準、檢驗要求、售賣條件、包裝和標籤要求更為嚴格，同一件產品銷售到不同國家，需要諸多不同條件的配合。若香港能成為某些藥品的區域流

通中心，以大包裝模式將藥品從原產地進口到香港，在香港進行區域分銷管理，根據亞太區不同國家的標準和要求進行檢測、認證，並分拆成標準包裝、貼上適當的標籤，再經香港貿易、物流商的調配，與其他商品拼箱，分發到亞洲各個市場，可以非常高效，大幅減少成本及庫存。而且，在這一模式下，香港的功能不僅僅是物流，更延伸至檢測、認證、包裝設計、區域分銷等等，在產品價值鏈上的參與更加深入，創造的就業亦更多樣化。

這種區域流通樞紐模式亦適用於高端食品、時尚用品、電子產品等。例如，電子產品的生產通常涉及來自多個來源地的零部件，供應鏈呈網絡狀，對貿易及物流環節有較高的需求，亦需要通過區域流通樞紐來統籌、調配供應鏈。

事實上，除了上述提及的產品，全球貿易的訂單都存在愈來愈「小批量、多批次、短週期」的趨勢。將貨物從生產基地直接運輸到銷售市場，有時並非最節省成本、最高效的模式。一個能讓貨物集中、拼箱、分流的樞紐，將能協助改善物流的成本效益。尤其是那些輕型、中高端、對時間敏感（time-sensitive）的產品，更需要這個樞紐來提升流通效率。

與 2.5 產業的發展相結合

這種區域流通樞紐模式同樣可以與前文探討過的香港發展 2.5 產業的方向結合起來，上下游銜接，形成供應

鏈的鏈條。正如前文所述,勞斯萊斯亞太區飛機發動機維修中心之所以選擇香港,便是因為香港在複雜供應鏈物流方面有極大優勢;在香港建設奢侈品亞太區售後維修服務樞紐的可能性,也正是基於這一優勢。這些 2.5 產業的發展,將為香港貿易及物流業於未來轉型為複雜供應鏈樞紐提供機遇,使香港成為這類產品的綜合性生產、服務、流通平台,既促進本地產業和就業的多元化,也為貿易及物流業穩固貨源。

用新模式開拓新市場

「東方生產、西方銷售」是過往全球供應鏈的傳統模式,也是香港貿易、物流業賴以發展的模式。不過,隨着新興市場、尤其是亞洲消費的崛起,香港應積極開拓新的市場。

近年內地提出加快構建以國內大循環為主體、國內國際雙循環相互促進的新發展格局。事實上,中國早自2008 年就提出經濟「再平衡」,目標是減少經濟對出口、投資的依賴,提升國內消費對經濟的帶動作用。目前,在中美爭端激化、新冠疫情的背景下,中國必須減少對出口的依賴、減少關鍵行業對海外技術供給的依賴,提升國內供給質量,大力發展國內消費市場,在關鍵行業實現自力更生,以防範逆全球化和與國際市場「脫鈎」的風險。可以說,雙循環格局便是經濟「再平衡」思路的升級版,未來中國將更依賴國內自主創新和國內消費。可以預見,「全球生產,中國銷售」、「中國生產,中國銷售」的模式

所佔的比重會逐漸增加。此外，在 RCEP（區域全面經濟夥伴協定，Regional Comprehensive Economic Partnership）等新自由貿易協定（FTA）的推動下，「亞洲生產，亞洲銷售」的模式亦將興起。因此，開拓以亞洲，尤其是中國為消費市場的新供應鏈模式，積極在全球為新興中產尋找適合他們需求的產品，協助海外優質品牌進入亞洲，也將是香港貿易物流業轉型的一個方向。

在香港貿易商所熟悉的歐美市場，傳統的流通渠道成熟、穩定，支付及信用體系的透明度亦較高。而在中國、亞洲等新興消費市場，傳統流通渠道通常比較複雜、不穩定及不透明，以傳統的貿易物流模式根本難以打入這些市場。正是因為傳統渠道欠發達，為新商業模式的發展提供了空間，電子商務在這些新興經濟體中發展蓬勃。不單是內地，東南亞、南亞、南美、非洲等國家亦出現電商、移動電商的迅猛浪潮。電子商務、電子支付、線上線下結合，這些嶄新模式才是開拓這些市場的有效手段。香港無疑應順應互聯網經濟的發展，以新的模式去服務新的客戶、開拓新的天地。

轉型升級的其他考慮

除了上述幾個方向，香港的貿易及物流業的發展還有兩個方面值得努力。

其一，除了開拓新的消費市場，也要開拓新的貨源地。全球生產基地有從內地向東南亞及其他地區轉移的趨

勢，而香港與周邊，尤其是東盟國家製造業的貿易物流聯繫尚不夠緊密。香港應積極在新的生產基地內拓展經濟腹地，例如通過簽訂 FTA，尤其是加入大型區域性 FTA（如 RCEP），在新興的生產基地內拓展貨源。

其二，適當增加香港物流業的容量亦迫在眉睫。沒有足夠的用地，企業有訂單亦無法接；沒有合適的、長遠的用地，企業不敢做長遠投入，也不可能實現轉型升級。

其三，港口和海關效率的進一步提升，亦直接關係到香港貿易物流業的整體競爭力。大約兩年前，香港海關曾考慮將香港「事後申報」（post-shipment declaration）的海關監管模式，改革為「事前申報」（pre-shipment declaration），美其名曰「與國際接軌」。的確，全球海關都是實行「事前申報」，唯有香港可以在貨物進入香港 14 日之內才向海關申報，如此寬鬆的管理在全球絕無僅有，給貨主帶來了極大的靈活性。尤其是來源於多個貨源地、有多個目的地的散貨，因毋須事前申報，可以在香港進行整合、拼箱，甚至在貨物離港之後一次性集中申報，省卻大量繁瑣的申報工作和人手。對於某些緊急的運輸情況，這一優勢使香港成為區域物流的緩衝地帶，給了貨主極大的靈活性，香港很多小型物流商正是依賴這一優勢而在市場上生存。而放棄這一優勢，無疑可以「與國際接軌」，但將顛覆一批中小企業的運作模式，使其無法經營下去。反而，周邊的經濟體自由程度雖不如香港，卻在海關的技術創新應用方面走在前面，通過技術來提升通關效率。未來，香港不僅需要維持在海關制度上的優勢，更要大力推

動技術創新，保持、甚至提升其作為區域物流樞紐的自由
度、靈活度。

總體而言，香港的貿易物流業面對的諸多嚴峻挑戰，
傳統模式下的貿易物流活動收縮，將是必然的結果。全球
化已經進入了新的階段，新興生產基地和消費市場崛起，
新興消費業態和商貿模式不斷湧現。要保持國際貿易、物
流樞紐的地位，香港必須推動貿易、物流業的升級和模式
創新，積極探索在全球貿易物流網絡中的新角色。

3.6 調整政府角色，制定產業發展藍圖

從 1980 年代開始，新自由主義思潮推動了全球範圍內的經濟、貿易、投資自由化，全球化走向頂峰。但是，2008 年金融海嘯已清晰顯示，這種不受制約的資本主義必然帶來全球性的危機。如今，全球已經開始反思這種放任主義的資本主義模式。

自由放任模式光輝不再

香港一直是自由放任資本主義的典範，長期蟬聯全球最自由經濟體的稱號。縱觀其發展歷史，香港從來沒有制定過具真正意義的產業發展藍圖和產業政策，幾次大的轉型都是由市場自發啟動完成，從來不是政府規劃的結果。正如我在上一章指出，幾次轉型讓香港一步步從南中國邊陲的轉口貿易港，演變成今天的國際金融中心、資本流通平台。然而，也因缺乏戰略思維和有遠見的產業規劃，香港的工業化止步於低增值的初級工業化，之後出現徹底「去工業化」。到近 20 年，生產性服務業也開始空心化，產業進一步金融化、地產化，積累種種深層次矛盾，頻頻觸發大的社會事件，社會處於動蕩的邊緣。

而且，深入審視香港數次轉型成功的一面，當中有必然的因素，也就是我們反復提到的香港的各種優勢，包括

優越的地理位置、自由港的地位、靈活開放的市場體系、與國際接軌的法制體系、東西文化的交匯、高度靈活和善於「執生」的企業家等等；卻也存在歷史的偶然，其中最重要是中國建國頭 30 年的閉關鎖國和內部鬥爭，使香港成為中國對外的唯一視窗，而改革開放前期，香港也理所當然成為國家「引進來」的最主要橋樑。也就是說，香港的過往輝煌，是必然，也是偶然。

時至今日，全球和地區發展格局已經大大不同。數十年的全球化及中國 40 多年改革開放，周邊及國內諸多城市已在不同層面和程度上建立起了自己的國際網絡；香港過往創造輝煌的某些歷史偶然因素，尤其是中國依賴香港這一單一視窗來與外界溝通情況已經消失，不可再複製。同時，環顧香港周邊的每個經濟體、每個城市 —— 新加坡、韓國、上海、深圳、廣州等，都在努力找尋自己的發展前路，政府深度參與經濟和社會的運行，用清晰的產業發展規劃來協助集中社會資源，用共同的願景來推動社會向既定方向前進。得益於這種模式，與香港一河之隔的深圳，40 年前尚是一片荒地、依賴香港的產業輻射得以啟動工業化，而今日，其 GDP 總量早已超越香港，成為了亞洲矽谷、新經濟先鋒。

可以說，在今天的區域競爭格局下，香港若仍然期望延續過去的思維模式和發展路徑，毋須產業發展規劃，讓市場和個體自發地、毫無方向地在日益嚴酷的區域競爭中摸索前路，從而解決香港面對的結構性問題，根本行不通。

今天，香港社會愈來愈多人開始覺得，政府應該加強在經濟社會發展中的參與度。尤其是在《國安法》制定之後，香港的政治衝突趨向緩和，中央也與特區政府形成了一定的分工默契，觸及國家安全和棘手的政治問題，將由中央處理，特區政府更應該「專注於應對與民眾福祉息息相關的社會、經濟和民生問題，並借此厚植民望」（劉兆佳，2020）。也就是說，政府不再有藉口去延續放任主義；在經濟中扮演更積極的角色，已經是不可迴避的選擇。

邁向「有為政府」可由產業藍圖開始

行政長官林鄭月娥在 2020 年 11 月發表施政報告，談到政府要在擔當「規管者」和「服務提供者」以外，也要扮演「促成者」和「推廣者」的角色。可見，政府亦認同要改變以往「大社會，小政府」的模式。不過，這一重大改變從何開始？

我認為，制定一份產業發展藍圖，也許可以成為香港調整政府角色的起點。前文提及的矽谷著名投資人 Peter Thiel，曾於其超級暢銷書 *Zero to One*（中譯《從零到一》）中深刻剖析了美國金融業過度發展、實體經濟不振、整體競爭力下滑的原因。他認為，根源之一便是從 80 年代開始，美國不再對經濟發展提出有實質內涵的規劃（"There's no concrete plans for the future"）。他認為，一個社會對未來發展沒有規劃，資源和優秀人才只會湧入金融業和少數幾個行業，因為那些才是回報清晰的行業，其他行業包括科技創新等根本看不見、摸不着；而政府的職能也只是

資源的再分配和維護公平，很少集中資源去創造未來，
開拓新天地。沒有方向，社會看不見前路，人們便會去追
求「大量的社會公平，但不關心社會的發展動力」（"A lot
fairness but little dynamics"）。他認為，若沒有人為未來
作出規劃，社會怎會有更好的前景？（"How can the future
get better if no one plans for it?"）。因此，要扭轉局面，美
國必須規劃未來，社會必須充分認識經濟的前進模式，並
主動去塑造（shape）未來的經濟前景。[5]

　　我認為，這一看法，也點中了今天香港種種經濟問題
的其中一個要害。面對日益激烈的全球競爭，香港至今從
未制定過中長期產業發展規劃。香港沒有一張具遠見的產
業發展藍圖，指明未來經濟發展的願景，更沒有明確的達
致願景的路線圖，協助統籌資源，指引全社會共同前進。
因此，社會和個人都在被動地應對國際格局及自身發展情
況的急劇變遷，而非主動地塑造未來，明天走到哪裏算哪
裏，人人心生迷茫。企業沒有宏觀願景的引導，資源自然
只敢投入到能快速回本的領域；年輕人看不清前景，自然
對未來產生無力感，甚至產生怨懟和對抗心理；整個社會
沒有方向，亦難以聚焦，紛爭不斷。

　　而 Peter Thiel 開出的藥方，同樣適用於今天的香港。
香港政府需要承擔起「看得見的手」的角色，帶領社會，
制定一套中長期產業發展規劃。這套規劃並非十二五、

5　Peter Thiel, *Zero to One: Notes on Startups, or How to Build the Future*,
　 Crown Business, September 16, 2014。

十三五規劃中的港澳專章那樣，僅僅只有宏觀定位，而是需進一步找出未來經濟結構多元化、實體化的具體目標。這包括到 2025、2030 年，「一號香港」到底可以在全球和中國經濟中扮演一個怎樣的角色，如何鞏固和提升其優勢；「二號香港」可以發展哪些產業從而實現經濟發展動力的多元化、每種產業對總體經濟及就業的貢獻可能達到怎樣的比例，以及通過怎樣的途徑去實現這些目標。

這份發展規劃，並非限制企業的日常經營，而是提供中長期的發展指引，猶如軟性的基礎設施，發揮匯聚和引流的作用，讓每個企業可以看見香港正走向何方，自己的企業可以在哪些領域投資未來；這份藍圖，以推動產業的多元化、實體化為根本，力求為年輕人提供更為多樣化的發展選擇，讓每個個體對未來有哪些選擇心中有數，讓十優狀元不必因為看不清前景而放棄科技興趣去學金融，也讓有藝術天分但沒能升讀大學的孩子，可以大膽追求自己的愛好和夢想。

而更為重要的，是藍圖制定的過程。在香港社會嚴重撕裂的今天，制定這樣一份與每個個體切身發展前景息息相關的產業發展藍圖，也許可以成為香港政策制定者與整個社會互動和交流（engagement）的契機，應讓各個持份者以多樣化的方式參與其中，讓每個家長有機會說出對孩子前景的謀劃，讓年輕人得以表達自己的職業夢想，讓社會各界重新聚焦前路、尋找共識，為香港自身找到出路。也許，這個過程可以成為一塊踏腳石，讓撕裂的香港社會踏上彌合之路。

善用「香港增長組合」

2020 年，財政司司長在其《財政預算案》中啟動了一個開創性的計劃，那就是動用「未來基金」[6]，設立「香港增長組合」，直接投資於「與香港有關連」的發展項目。這一模式被廣泛視為「港版淡馬錫」，是香港向「有為政府」邁出的第一步。但基金如何使用，值得進一步思考。

我認為，前文所提出的幾個方向，包括發展 2.5 產業、建立科技產業生態體系、推動貿易物流業的轉型升級，應納入「香港增長組合」，並成為其中的重要組成部分。政府應盡快研究、鎖定具體產業發展目標，通過「未來基金」提供資源，輔以其他鼓勵政策，啟動新產業的發展，同時提供激勵機制，改善市場環境，大力吸引此類產業從國際轉移來港。通過內外配合，抓住轉瞬即逝的短暫時間窗，形成先發優勢，建立起產業發展的基礎，推動「二號香港」的實體化和多樣化，為年輕人開創一個新時代。

2020 年疫情初期，在口罩短缺時，香港民間自發開始口罩生產，政府迅速推出「本地口罩生產資助計劃」，

6　2015 年，時任財政司司長曾俊華從「土地基金」撥出 2,197 億元成立為期十年的「未來基金」，存放在「外匯基金」之內，冀爭取更高投資回報，以應對長遠財政負擔。

加快本地生產，應對燃眉之急，並建立存貨[7]。這一發展是一個可喜的趨勢，民間自發啟動，政府隨後跟進，直接提供資助鼓勵生產，公私合力，共同抗疫。既打破了香港不可能發展本地製造的迷思，亦突破了政府不直接干預市場運作的枷鎖。這一新思維，完全可以用於推動新產業的發展，推動「二號香港」的經濟結構轉型。

7　根據「本地口罩生產資助計劃」，每間公司獲批的第一條口罩生產線，可獲最高港幣 300 萬元資助；第二條生產線最高可獲額外 200 萬元資助，用於支付生產設備、設置廠房、配置無塵車間、測試與標準合規的成本。政府會向每條獲資助的生產線採購口罩，為期一年。計劃將最多資助 20 條本地生產線，由生產力促進局負責管理。參見：https://www.hkpc.org/zh-HK/our-services/additive-manufacturing/latest-information/hkpc-mask-production-support。

3.7 香港不應仿效紐約及倫敦

2008 年，美國《時代》周刊創造了「紐倫港」（Nylonkong）一詞，在全球引起了廣泛討論，更被港人引以為傲。100 多年前尚是小漁村的香港，能成為與紐約、倫敦並肩的全球最領先的國際大都會，實是不可否認的成就。

不過，我倒是認為「紐倫港」的說法從兩個方面誤導了香港和國際社會。

其一，「紐倫港」的說法讓很多人將紐約和倫敦視為香港社會經濟發展的參照物，參考這兩個城市來尋找未來的方向，而忽略了香港作為一個單獨經濟體，其經濟、社會發展的目標和要求，與作為城市的紐約和倫敦有本質上的不同。

其二，「紐倫港」被視為全球化的典範，使香港社會追逐與紐約、倫敦看齊的全球化水平和模式，忽略了全球化對香港的衝擊，對比紐約和倫敦所面臨的衝擊可能大相徑庭。

紐倫可與腹地進行就業分工

紐約和倫敦是經濟體內部的城市，香港則是一國兩制

下的非主權單獨關稅區、獨立經濟體，兩者在性質上有本質的區別。

具體來看，紐約和倫敦是各自國家整體經濟的一部分，與國家內部其他地區之間無論人流、物流、資金流、信息流均無任何阻隔。也就是說，它們各自擁有一個天然的、無邊界阻隔的腹地，支撐起它們作為全球產業鏈頂端的功能。因此，紐約和倫敦可以不必追求產業結構和就業結構的多元化，因為產業、就業多元化的問題可以在全國範圍來解決；這兩個城市只要在金融等高端產業方面發揮帶動全國、引領全球的功能即可，其他功能的不足和實體經濟的缺乏，可以由其腹地來補足（能否成功補足則是另一回事）。

這種核心與腹地之間的相互配合，其基礎正是在於紐約、倫敦的要素和資源可以在全國範圍內自由流動。以人口的流動為例，事實上，高度的全球化和產業的高端化，必然導致中下層次的就業流失，其就業結構很大可能性會出現兩極化的傾向，因為往往只有高增值就業及無法轉移出去的消費性低增值就業才能留下來。不過，由於紐約和倫敦的人口與全國相通，難以或不適合在紐約和倫敦謀生的人，還可以在廣大的腹地中轉移，更大機會將工作和個人能力相配對，而不太容易出現「坐困愁城」的局面。

香港缺乏天然的緩衝地帶

相比之下，香港是一個非主權獨立經濟體，與國家之

間雖然聯繫緊密，卻並不擁有一個天然、無邊界的緩衝腹地。即便是被視為香港腹地的珠三角，與香港之間的物流、資金流、信息流均存在邊界，而人的流動更是受邊界所限。

從香港與內地之間的人口流動狀況來看，現實情況是流入（香港）大於流出，而流入（香港）以基層人口為主，流出（香港）則以中、高技能人士為主。流入方面，前文分析過，通過單程證移居香港的人數（已超過 100 萬），遠遠超過通過人才計劃、就業、求學或其他渠道從內地流入香港的中、高端人才（據估計，香港目前有 25-30 萬「港漂」，包括通過各類人才計劃進入香港的內地人才及其家屬），是香港基層人口快速增加的原因之一。在流出方面，香港產業進入內地，必然帶動部分港人到內地就業。不過，這種到內地就業的機會並非均衡地對不同教育背景、不同階層的人士開放。據呂大樂教授對統計資料的分析發現，港企到內地投資，並未能帶動香港中下層勞工到內地就業。早期，走入內地或有能力走入內地的港人以中、上知識和技能水平，有相當經驗及資歷的經理、行政人員、專業人士為主（2010 年佔在內地工作港人的 80% 以上），而且近年已轉為以服務業的較高層職位為主[8]。

事實上，因兩地最低工資的差距，低技能勞工並未能

8　呂大樂，「本地人的處境 —— 全球城市社會分層的轉變」，2015-06-23，中國城市規劃網，參見：http://www.planning.org.cn/solicity/view_news?id=547。

跟隨香港企業走入內地的步伐而轉移內地，而社會底層人口更是依賴香港提供的綜援、公屋、公共醫療、免費教育等社會福利和服務，而「固化」在香港，不斷流入而無法流出，形成困局。就連因內地成本較低而到珠三角生活、養老的港人，亦集中在有一定財富積累的中、或中間偏下階層。近年，還出現了在內地的港人因承受不住內地生活指數上漲回流香港的情況。也就是說，愈是基層的人口，就愈離不開香港。這種移入基層人口、流出中高端人口的流向，大大加劇了香港社會兩極分化的趨勢。

可見，高度全球化、產業高端化給紐約和倫敦所帶來的弊端，可以在全國範圍內得到一定程度的緩衝，而香港作為獨立經濟體，注定其與外界之間的人口流通受到各種限制 —— 這種限制使香港在面對全球化的衝擊時，缺乏天然的緩衝地帶可依賴，全球化的衝擊因此更顯而易見。

產業結構須基本配合勞動力結構

從上述討論可見，作為城市，紐約、倫敦，乃至北京、上海等城市，其經濟結構可以集中在金融等高端產業，不一定追求多元化和實體化；由於其人口可以在國家範圍內流動，因此其就業結構可以得到國家整體產業基礎的支撐，與全國其他城市進行就業分工。

而作為獨立經濟體的香港，勞動力流動性較弱，因此其產業結構必須與勞動力結構有所匹配。不能只保留高增值就業，而將中低增值的產業和職位全部移走；也不能只

發展個別產業，導致大部分無法流出的人口無從選擇。

　　固然，香港可以從全球吸引人才，香港人也可走出香港，走進內地或全球各地。但現實情況是，高端人才的跨境流動相對較易，而基層人口的流動往往受到諸多因素的阻隔，要困難得多。因應香港現實的人口結構和流動趨勢，要避免就業市場出現結構性失調，根本的選擇就是在穩定優勢產業的同時，推動產業結構的適度多元化，在全球化的大潮下亦不應盲目放棄中層及基層就業，為香港人提供多層次、多樣化的就業選擇。

　　總體而言，一國兩制下的香港，是一個非主權的獨立經濟體，紐約與倫敦並非適當的參照對象。更恰當的發展參照物，恐怕應該是瑞士、新加坡、韓國這樣的經濟體。

3.8 香港—內地合作：
從單向轉移到雙向互動

香港是一個彈丸之地，本地缺乏資源、能源、廣大市場，亦無強勁的本地製造。香港過往之所以成功成為亞太區的金融、貿易、物流和商貿服務樞紐，皆因將內地及區域內的各種服務需求引來香港，將各種「流」（flows）匯聚到香港，從香港為內地及區域服務，香港因此成為生產性服務業的樞紐。可以說，在香港「聚流」，是過去香港服務業成功發展的關鍵所在。

回歸以來，香港與內地大力推動兩地在服務業領域的合作，從 CEPA，到前海、橫琴、南沙等合作項目，再到推動兩地的服務貿易自由化。但是，這些合作的模式比較單向，着重推動香港企業、尤其是核心優勢產業和企業到內地去投資；絕大多數人在討論香港如何「融入國家發展大局」、「搭上內地這輛高速前進的列車」時，亦是主要着眼於推動內地開放市場，讓香港優勢產業和企業進入。這種單向的優勢輸出模式意味着，香港企業可以直接進入內地的大市場為其服務，但同時也意味着以前從香港為內地提供的服務，現在已不必再通過香港。一旦香港的優勢服務業大規模進入內地，而本地又未能找到新的產業增長點，本地的服務業無疑會出現空心化的趨勢。

考量國家的走出去戰略，可以看到一個非常清晰的戰

略目標，那就是走出去是為了解決國家內部面對的問題。通過走出去，獲取國家需要的技術、管理、資源、市場，提升內部經濟結構和發展質量。也就是說，國家推動「走出去」，根本仍是為了將需要的東西「帶回來」，解決內部的矛盾。反觀香港，在推動企業走出去時，卻毫無策略，並沒有思考過本地人、本地經濟如何能從中受益，導致從前以「聚流」為主的模式，在金融以外的其他領域逐步轉變為「散流」——這正是香港中層就業流失、產業難以多元化的根源之一。

一個我們不可迴避的現實情況是，過去 20 年來，在香港深化與內地合作的同時，兩地的競爭力出現了此消彼長的格局：國家的發展一日千里，而香港競爭力卻日漸削弱，兩地矛盾也日益激化。基本上，很多港人基於自身的現實境況和主觀感受，覺得香港與內地合作得益的只是大企業和商家，自身並未從中受益；反而，由於產業的流失和競爭力的弱化，不少人無能力深入分析背後因由，將此視為香港優勢被內地侵蝕的結果，對國家的離心力日漸加深，本土意識膨脹，這無疑是我們需要警惕的。

「國家所需 + 香港所長」存在弊端

狹隘、極端的本土思維固然應該批判，但過去多年，香港與內地之間的經濟互動一直採取單向優勢轉移的模式，卻也帶來了不少弊端。

「國家所需 + 香港所長」，是過去幾十年來香港與內地

合作的總體模式，兩地從香港的優勢和國家的發展需求出發，找到兩者的契合點，從而推動雙方的發展。無疑，這在很多層面是一種雙贏的模式，讓香港的優勢得以發揮，也協助了國家的改革開放，一直是香港繁榮的重要基礎，未來還應持續推動。

然而，走到今天，香港與內地無論是各自的發展階段還是兩地的力量對比，均已經出現了極大變化。社會現實在迅速轉變，我們的合作模式卻並未與時俱進，而是一直維持從香港向內地單向輸出優勢產業、企業的單一模式，弊端因此顯現。

其一，在這種單一模式下，兩地的眼光只盯着香港的金融、專業服務等香港的優勢領域，能得到發展機會的也自然是這些產業。相比之下，香港急需發展的、但目前尚未具優勢的產業領域，卻得不到重視和合作的機會。可以說，這種模式某程度上加劇了香港經濟結構單一化趨勢，新的經濟增長點難以培育出來，產業多元化自然難以實現。

其二，即使是在有合作潛力優勢產業內，目前國家所需的通常是高增值，甚至是最頂端的價值環節，而對於能在內地提供的中、低增值環節，香港企業為了降低成本，則會將崗位從香港轉移到內地。投資內地的初期，企業可能會派遣部分香港人員參與，但大部分中層和低層就業崗位，乃至不少高層崗位都會逐漸由內地人才所取代。在這種模式下，香港高端人才固然發展機會充足，但香港本地

非常需要的中層就業崗位卻處於不斷流失、比例萎縮的境況，本地年輕人難向上流動，社會矛盾加劇。

其三，這種單一的合作模式大多數情況涉及香港優勢產業轉移內地，很多服務不必再通過香港。前文已經說過，這對香港而言是雙刃劍。

可以說，在「國家所需 + 香港所長」的模式下，兩地主要關注香港有甚麼國家需要的優勢，卻很少關心香港本地的發展需要甚麼，香港年輕人的發展需要甚麼。現實是，並非每個人都能進入國家需要的優勢領域工作；即使在優勢領域內，亦可能因為港企轉移內地而減少在香港的職位。以貿易物流業為例，該行業為香港貢獻了大量的中層就業，但從 2007 年的頂峰時期到 2018 年這 11 年間，該行業的就業減少了 11.8 萬人。這當中有香港自身競爭力下降的因素，有市場情況轉變的因素，但也有就業轉移的因素。

可見，在單一的優勢轉移模式下，受益的羣體主要集中於香港優勢產業及高端就業人羣，而整體社會未必能均衡受益，加劇了社會的兩極分化。

由單向優勢轉移到雙向優勢互動

無疑，「國家所需 + 香港所長」的合作模式有其產生的背景。在兩地合作之初，香港相較內地走在發展的前沿，與內地相比有更多的經濟優勢；而國家推動改革開放

和產業發展，需要諸多投資、管理、技術及市場理念的支持。因此，從香港向內地輸出自身的優勢自然成為兩地合作的核心模式。

但到今天，國家通過 30 多年的飛速發展已培育諸多具優勢的產業、企業，形成了完整的產業結構體系，成為全球最大的貿易和製造經濟體，出現了走出去、向外輸出優勢的需求。而「二號香港」目前正面對產業單一化、兩極化、空心化的弊端，兩地的合作模式顯然到了必須轉型的關口。

我認為，因應兩地發展格局的變化，未來，香港與國家合作的模式應從單向走向雙向，即在固有「國家所需 + 香港所長」模式下，增加「香港所需 + 國家所長」的新模式。這種新模式從香港自身的發展需求和亟待彌補的短板出發，找到與內地優勢的契合點，將內地優質的、多樣化的經濟活動引來香港，將與實體經濟緊密相連的生產性服務業、與創新緊密相連的科技產業引來香港，並扎根香港，成為香港的內生動力，從而推動香港產業的多元化，培育新的經濟增長點，鞏固和增加本地就業。

例如，前文談及科技產業發展時曾指出，香港的科技產業多年來一直發展不起來，而內地已成為全球科技產業的重要一極，與香港一河之隔的深圳更成為「內地的矽谷」和全球有影響力的科技產業基地。香港可從自身的具體需求出發，大力從內地，尤其是從深圳引入科技產業來港，彌補自身的短處，提升本地科技產業的發展，為本地年輕

人帶來新的就業領域和發展機會，同時也能讓國家的優勢得以「走出去」，可以說同樣是雙贏的模式。

　　總體而言，「融入國家發展大局」不僅僅意味着香港企業走進內地獲得內地的大市場；通過這種新的「國家所需 + 香港所長」與「香港所需 + 國家所長」結合雙向優勢互動模式，既找到香港的優勢，又找出自身的弱點和發展需求，並將之與國家的需求和優勢雙向結合，互相取長補短。這不僅是兩地發展階段轉變的客觀需求，也是兩地均衡受益的客觀需求。

結合本地發展需求參與「一帶一路」

　　事實上，不僅僅是香港與內地合作迫切需要這種新思維，香港參與「一帶一路」，乃至參與全球的合作均需要這種新思維。如果香港參與「一帶一路」仍然僅僅意味着將香港的優勢輸出到「一帶一路」國家，香港整體社會未必受益，民眾自然對此無興趣。只有香港同時也能找到自身發展需求與「一帶一路」國家的優勢的結合點，將「一帶一路」的優勢帶來香港，將發展機會帶給香港年輕人，才是均衡、持續發展之道。

3.9 改善《競爭條例》，促進市場競爭

　　自由經濟在香港成果輝煌，卻也代價巨大。由於歷史因素，香港社會長期形成了親商、親資本的價值觀，政府一直以來奉行「大市場，小政府」、「積極不干預」的管制模式。這樣的文化和體制一方面有利於自由競爭，但同時也因市場長期對兼併、收購無約束，縱容財團坐大，將資本觸角延展到市場每一個角落，導致本土市場高度集中，壟斷了大部分人的生活，新的增長點亦難以形成，強者愈強，弱者愈弱。

　　當國際社會都已經制定競爭法多年，香港政府才意識到不能再迴避問題。從 1997 年開始討論，經歷十多年的歷程，終於在 2012 年頒佈了首個跨行業競爭法律——《競爭條例》（*Competition Ordinance*），並於 2015 年 12 月 16 日正式生效。

　　不過，香港的《競爭條例》內容比較狹窄，其執法重點集中在合謀行為和其他對競爭造成顯著損害的行為，如合謀定價、圍標、編配市場及限制產量等，但對市場的佔有率並無規管。舉例來說，除非有充分證據證明某企業濫用市場權力，在商品供應、價格操控等多方面禁止新競爭者進入市場，才屬反競爭行為。否則，即便該企業在某些領域的市場佔有率高達九成，也沒有違法。也就是說，香

港《競爭條例》針對的是市場行為,而不是市場佔有格局,對於市場高度集中、財團壟斷市民的衣食行的現象,這個條例暫時改變不了甚麼。

另一個缺憾,便是香港邁出的這一步來得太遲。區域內,台灣地區早在 1991 年已有競爭法出台,新加坡在 2006 年通過了完整的競爭法制度,而內地也在 2008 年實施了反壟斷法。由於條例來得太遲,本地市場某些領域被數個大的財團佔有早已成為香港的結構性問題,短時期內無法解決。《競爭條例》草案工作小組主席、學者鄭建韓就指出,「如果香港 30 年前有競爭法,積極規管合併行為,今時今日會有不同境地。但到了 2015 年才實行競爭法,是太遲了」[9]。

過去已無法改變,但未來呢?對於反競爭收購合併,目前香港《競爭條例》只針對電訊市場,其他行業不受限制,這無疑難以讓人信服。在英國、新加坡等地,競爭委員會均有權力以市場佔有率作為調查門檻,調查任何行業的企業合併行為,並可對有關收購合併行為提出反對,甚至對造成市場壟斷的收購合併行為進行懲罰[10]。而香港何時才能補上這個漏洞,不得而知。

9 「倡議到立法歷時 20 年 條例過時檢討是時候」,香港 01,2019 年 1 月 2 日,詳見:https://www.hk01.com/ 周報 /277161/ 競爭法 - 倡議到立法歷時 20 年 - 條例過時檢討是時候。

10 同 3。

我曾請教過研究競爭法的學者和法律界專家，有專家指出，當企業進行收購與合併而引致市場佔有率超過某一份額時，有必要監察該收購、合併行為是否讓企業在市場中佔有「支配地位」——按照歐洲的定義，「支配地位」即指佔有 50% 市場份額。但香港《競爭條例》並沒有如其他實行競爭法的地區一樣採用「支配地位」的概念，而是採用「相當程度的市場權力」的概念，但條例中並未對何謂具「相當程度的市場權力」作出清晰界定，以致難以判定何種情況下需要監察企業是否破壞了競爭。

不過，雖然立法姍姍來遲，且現行條例也有太多豁免以及太多漏洞，但是，最核心的部分已經具備，算是邁出了一大步，關鍵在於競爭事務委員會（競委會）和競爭事務審裁處（審裁處）[11] 能否真正落實執法。若能落實，《競爭條例》或能改善香港的競爭環境。

訪談中，專家指出《競爭條例》生效以來，競委會只針對一些企業相對輕微的違規行為作出調查及檢控，而對大財團一些反競爭及壟斷市場行為坐視不理，難免予人「放生大魚」的感覺。競委會若要建立權威，應該盡快拿出具象徵意義的案例，充分運用條例賦予的調查權力處理

---

11 競爭事務委員會是獨立法定團體，根據《競爭條例》而成立，負責接收投訴、開展調查及強制執行《條例》的條文。詳見：https://www.compcomm.hk/tc/about/comm/role_functions.html。競爭事務審裁處同樣根據《競爭條例》成立，屬司法機構的一部分，負責聆訊及裁定本港與競爭法有關的案件。詳見：https://www.comptribunal.hk/tc/about/introduction/index.html。

案件，例如傳召企業負責人或高層協助調查。在完成調查後，由審裁處對若干嚴重違規行為判處具阻嚇性的罰則。相信有關案件除可引起公眾興論及提升公眾認知，也能對商界起震懾作用。

針對未來香港《競爭條例》的改善及其落實，專家提出了幾個建議：1）將對收購、合併行為的規管從電訊業擴展至其他與民生相關的行業（如超市、交通運輸、電力等等）；2）恢復獨立私人訴訟[12]；3）提升競委會的法律地位，並增撥資源支持其運作；4）明確取消「告誡通知」（Warning Notice）[13] 安排的具體時間；5）應考慮為跨行業的兼併收購活動（unrelated diversification）設置適當的障礙，以保護競爭，避免一個行業的贏家擴展到多個行業，贏者通吃。

此外，《競爭條例》雖是構成競爭政策的重要部分，但並非全部。鼓勵市場競爭，給新興產業、企業予發展的

12　根據香港政府資料，政府於 2010 年向立法會提交的《競爭條例草案》中，載有條文容許獨立私人訴訟，即任何人如因違反行為守則的行為而蒙受損失或損害，可向競爭事務審裁處提起訴訟。然而，在草案審議期間，中小企表示憂慮獨立私人訴訟可能會被大企業濫用成為打壓中小企的工具，政府因而刪除有關條文。根據現行的《競爭條例》，任何人士可向競委會就違反行為守則的行為提出投訴，而蒙受損失或損害的人士有權就經審裁處裁定的違法行為提出後續訴訟。

13　根據《競爭條例》，商戶若涉嫌違反屬於非嚴重的反競爭行為，如交換敏感資料、集體杯葛等，競委會向競爭事務審裁處提出法律程序前，須先向涉事商戶發出「告誡通知」（Warning Notice），代替直接懲處。這無疑給了商戶多一次違反競爭條例的機會。

機會，不能只靠一部競爭法。《競爭條例》頒佈以來，公眾對合謀定價、瓜分市場、圍標等反競爭行為已有基本認知，但對於結構性的市場問題缺乏了解。未來，政府應投放資源加強公眾教育及解說，有關部門及官員也應表現出對有關議題的重視，而非覺得立法後便完成責任。畢竟，競爭政策需與整體經濟政策互相配合，才能真正保護競爭、激發市場活力。

3.10 改良單程證制度

　　我在第二章中曾詳細分析過單程證制度的來龍去脈及其帶來的影響。簡單來說，香港自 1982 年開始實施單程證制度，至今超過 100 萬人通過單程證移居香港，約佔香港人口總額 1/7。單程證人士在勞動參與率、教育程度、就業收入方面，均較全港平均水平為低，對社會福利的依賴程度相對而言也高於社會的平均水平。

　　人口的結構和素質，對經濟社會的發展有根本性的影響。實事求是來說，單程證人士成為香港人口增長的核心來源，一定程度上增加了土地、房屋、醫療等社會資源的壓力，也對改善香港長遠人口結構不利。再加上香港福利體系的資產審查制度難以延伸至內地每個角落，個別單程證人士不公平地享有香港的福利，亦加重了香港社會對單程證人士的負面看法。

　　若瀏覽各種社交媒體，不難看出香港人（不單是年輕人）對單程證政策的反感。這種情緒，既有不理性的歧視的一面，卻也來自市民所承擔的客觀壓力。這種情緒被放大和投射至其他範疇，衍生出「中央想進行人口置換」、「要香港不要香港人」等等極端的說法，大大增加了本地人（不分年齡和收入階層）對中央、對內地，及對新移民的仇視。

其實，實施近 40 年來，香港與內地從未就單程證政策進行過大的檢討和調整。今日之香港，並非如從前般整體處於上升階段，土地和房屋資源極其緊張，已成為社會不穩定的重要原因。而每日 150 人通過單程證源源不絕流入香港，為香港社會和福利系統帶來了極大的壓力，亦激起香港社會對內地人的敵視和對國家的負面觀感，實非雙贏之策，中央及特區有必要進行檢討和改善。

不過，單程證政策有家庭團聚的人道因由，並不能完全取消。可行的做法是考慮將每日 150 個名額減半，讓內地居民能繼續以家庭團聚理由移居香港，同時也能適度減輕香港負擔。另外，單程證政策由中央主導，其改變並毋須香港立法會通過。一旦中央決策，可以立即落實，向香港社會釋出善意，緩和民情。

3.11 香港該怎樣利用大灣區的機遇？

粵港澳大灣區這個名字提出至今不過幾年，但港澳與珠三角城市之間的經貿和社會互動早在 1979 年改革開放啟動時已經開始。三地間的合作經歷 40 年，容易走的路早就已經走了，未來進一步的融合面對不少的現實障礙。

有關大灣區融合的障礙，我曾在其他場合分享過一些個人經歷。比如，我曾試圖從香港給深圳的好友寄點禮物，卻被快遞公司告知內地海關要求附上發票，並要交關稅。因不習慣送禮物附發票，最終沒能寄出。我也曾嘗試給廣州的朋友寄書和藥品，但卻發現這兩者都屬於不可以寄的違禁品，最終還是沒能寄出。這兩次失敗的「送禮事件」，顯示大灣區內不同城市之間的交流，即使在最簡單的生活層面，都隔着一條不淺鴻溝，在經濟、社會領域的更深層面的合作則面臨更多障礙。

粵港澳大灣區的獨特之處

很多研究將粵港澳大灣區對標紐約、舊金山、東京三大國際灣區，亦有將粵港澳大灣區與長三角杭州灣區相並列。不過，粵港澳大灣區與紐約、舊金山、東京，乃至杭州灣區在本質上有很大不同。

衡量城市之間經濟整合的程度，主要看要素流通的自由程度。高度的經濟整合意味着內部要素自由流通，對外關稅水平、要素流通開放程度和管理制度一致。如果要素難以在大灣區內部流通，那麼大灣區的種種發展目標，如世界創新中心、金融中心、高端製造中心等等，只能各個城市各自努力，城市之間難以協力。

以舊金山灣區為例，區內雖包含數個城市，但所有城市同屬一個經濟體，灣區內部不存在制度和邊境的阻隔，貨物、人員、信息、資金等要素在各個城市之間完全自由流通。而對外，整個灣區的關稅水平、海關監管、開放標準亦完全一致。根本上，整個灣區在同一市場內部，不存在整合的問題，這正是灣區內各個城市能最大幅度實現優勢互補，取得協同效應的前提條件。紐約、東京、杭州灣區皆是同樣的情況。

相比之下，粵港澳大灣區則分屬三個不同經濟體和關稅區。對內而言，人、貨、信息、資金等要素在三地間並不能自由流通，面對關稅區邊境及制度的阻隔；對外而言，香港是自由港、全球最自由的經濟體，而內地相對而言是管制型的經濟體，三地對外的關稅水平、資金流通制度、投資開放程度、對外經濟政策亦有實質性的區別，維持各自不同的邊境管制 —— 這便是灣區經濟整合面對的現實。

粵港澳三地經濟整合的複雜性

對於兩個或多個經濟體之間的經濟「融合」或「一體化」，目前廣為全球接受和採用的標準是 WTO 下的四個經濟融合階段，包括：1）自由貿易區（Free Trade Agreement，FTA），即經濟體之間互相取消某些關稅與貿易壁壘；目前內地與香港簽訂的 CEPA（《內地與香港關於建立更緊密經貿關係的安排》）便是 FTA；2）關稅同盟（Customs Union），即經濟體之間完全取消關稅及貿易壁壘，內部貿易有如單一國家，對外則設置共同的貿易關稅及其他壁壘；3）共同市場（Common Market），除具有關稅同盟的特徵外，服務、資本與勞動力等生產要素可自由流動，對外則採取完全一致的政策；4）經濟同盟（Economic Union），除具有共同市場的特徵外，成員之間使用統一的貨幣和財政政策，使用相同的稅率與稅制。這幾個階段的融合程度逐漸遞進，歐盟即是經濟融合最高階段 —— 經濟同盟 —— 的典型案例。

對粵港澳大灣區來說，目前尚處於上述經濟整合四個階段的最初級階段，即自由貿易區；內地與香港在 2003 年簽訂了 CEPA，並在之後每年簽定補充協議。

若大灣區的融合要從目前最初級的 FTA 階段，走向第二階段，即關稅同盟（Customs Union），這意味着香港、澳門及珠三角九市之間要完全取消關稅及貿易壁壘，產品出入口標準一致，內部貿易有如單一市場，對外則設置共同的貿易關稅及其他壁壘。

問題在於，香港是自由港，極為開放，與外界基本無貨物、資金、信息流通的壁壘；一旦香港與珠三角九市之間取消關稅和其他貿易壁壘，就意味着外界的貨物可以通過香港自由地出入珠三角；同時，珠三角與內地其他地區之間並無邊境的阻隔，這也意味着整個內地都成了自由港，而這無疑是不可能的。

事實上，我們常常說大灣區涉及三個經濟體，但這種說法並不準確。香港和澳門分別是獨立經濟體，但珠三角九市並不是，而是內地這個大經濟體的一部分；珠三角九市與香港之間的經濟整合受制於全國的開放水平和對外經濟政策。因此，粵港澳大灣區的發展，關鍵性的內容粵港澳三地做不了主，根本要在國家層面來解決。

若粵港澳大灣區的一體化還要更進一步，成為共同市場和經濟同盟，更涉及資本、信息、勞動力完全自由流動、統一稅率與稅制、統一貨幣等，情況更加複雜，甚至涉及《基本法》的修改或國家整體制度的調整。這是因為對外關稅水平、資本和信息流通等制度基本上是全國性的，一個地方開放就是全國性開放，較難在某個小地方實行特殊政策，除非設立「硬邊界」，將這個地方與全國其他地方分割開來 —— 例如有物理隔網的保稅區；又或者通過某種技術手段，建立風險完全可控的「虛擬邊界」，在沒有「硬邊界」的情況下將資本、信息、貨物的流動限定在某個地域範圍之內。正是因為既沒有「硬邊界」，「虛擬邊界」技術目前又尚未成熟，即便是已經實踐了多年的自貿區，其開放到目前為止還是相當審慎的。比起全國其

他地方而言，除了在貨物流通方面的自由程度更高一些，其他方面如資本和信息等難以管控的要素的開放，並沒有實現根本性的突破。

可見，在珠三角九市實施與全國其他城市不同的對外關稅水平、資本和信息流通制度，使九市與港澳形成關稅同盟，甚至共同市場、乃至經濟同盟，這在目前並不具備條件。除非香港放棄自由港的地位，融入內地；或者珠三角九市變成與香港同等開放的自由港，並在九市與內地其他地區之間設立邊界 —— 這兩個選擇在可見的未來都是無法想像的。

再加上三地在政治體制、法律制度、管理模式、市場制度、意識形態等領域有較大差距，情況遠比歐盟不同國家之間的差異還複雜，與紐約、舊金山、東京以及杭州有根本性的不同。因此，多年來，儘管大灣區內部互動不少，但「融合」還在初級階段。

不少研究指出，2035 年，大灣區有可能超越舊金山、紐約、東京等世界著名灣區，成為經濟體量最大的灣區。但是，如果幾個城市之間寄點東西都困難重重，數據上的大其實也只是數字的簡單疊加，不能成為真正的「灣區」。

「有限滲透」的融合模式

那大灣區的融合難道就沒有解決辦法了嗎？要得到突破，我認為比較務實、風險可控的模式是通過「封閉管

道」實現「有限滲透」，即在局部的小範圍，實現要素在可控的範圍內跨境流動。

舉個例，目前香港與內地金融市場之間的深港通、滬港通、債券通、QDII、QFII 等互聯互通機制就是有限滲透；在香港的中移動手機服務，到內地後使用手機數據仍然能上 facebook 和 google，也是有限滲透；高鐵一地兩檢在香港站內實施內地法律，同樣是有限滲透。只不過，這些有限滲透的案例並非僅僅針對大灣區，而是針對全國 —— 畢竟信息和資本的流通制度是全國性的，難用城市邊界去劃界。

大灣區未來可以探索其他能夠實現有限滲透的領域。例如，大灣區 11 個城市某些領域實現統一的標準（如職業安全標準、食品標準、藥品標準、專業標準）、給予在大灣區工作的港人特殊的稅務安排、在大灣區某些局部地方實行香港法律等。當然，這種模式比較碎片化，小規模，但可做到風險可控，可進可退，灣區內的交往會有局部、逐漸的改善，能做多少做多少。

除此之外，隨着國家整體開放水平的提升，大灣區 11 個城市之間的要素流通將會更容易。雖然是全國性的開放，但大灣區 11 個城市之間地理、文化、社會等方面更為緊密，互動會比其他地方多得多。

總體來看，大灣區內部要素流通的暢通，是一件不容易的事，需要長期的努力，點滴的積累，需要足夠的耐

心，長時間推動。

解決「二號香港」的深層次矛盾

前文探討了大灣區深化合作面對的障礙及可能的模式。但是，大灣區能解決「二號香港」的全部問題嗎？

我個人認為，積極融入大灣區，能拓展香港的經濟腹地和年輕人的發展空間，對香港的發展無疑有諸多益處，亦能為國家出一分力。但是，「二號香港」在經濟方面的深層次矛盾，並不能全部靠香港到大灣區投資、或香港人到大灣區工作來解決。

幫助香港年輕人到大灣區發展，是目前推動大灣區發展的熱點議題。但現實是，相當部分的香港年輕人並不具備在大灣區參與經濟競爭的能力。每年，內地有數百萬近千萬大學生畢業，大灣區又是一個集聚人才的核心區域，香港普通的大學畢業生，到珠三角城市都未必具有競爭力，更別說基層人口。哪怕是由香港企業到大灣區投資、在大灣區興建如某些研究所建議的「香港產業園區」之類，也只有少量中高管理層職位會從香港外派，不會大量從香港聘請中層和基層員工到大灣區去工作。這麼多年來，港資企業在珠三角的運營都是如此，畢竟只有本地化運作才有競爭力。

最近公佈的 2020 施政報告提出，政府將資助在香港及大灣區有業務的企業聘請、派駐本地大學畢業生到大

灣區內地城市工作，亦會資助香港青年到大灣區去創業。站在香港青年的角度，這當然是好事，多了一個香港之外的、有潛力的發展選擇。不過，對於香港整體社會的影響，情況就複雜得多。

目前，有能力到大灣區去工作、甚至創業的年輕人，基本上都是有知識和技能的中、高層次人才，這些人留在哪裏問題都不大 —— 甚至，這些人本該是香港大力吸引、培養和保留的人才。在人口快速老齡化之際，內地各大城市都在通過各種優惠條件「搶人」，尤其是高技能、高學歷的年輕人，以應對勞動人口與非勞動人口比例快速下降的挑戰，為城市補充新鮮血液，提供長遠發展的核心動力。從個人角度，當然是哪裏有更好的機會就去哪裏，畢竟「人往高處走」。但是，培育、留住、吸收人才，始終是每一個城市的人口及人才策略的根本所在。香港老齡化來勢洶洶，未來最該做的，是創造機會讓這些中高層次年輕人才在香港能有所發揮，讓他們能在香港安居樂業、實現個人價值，並為香港的未來作出貢獻。

對於基層人口來說，去大灣區工作或生活，目前來看也並不現實。收入方面，在香港有最低工資的保障，到大灣區一切都不確定。能夠長期承受這種不確定性，也許能闖出一片天地，但有這種膽識的基層人口，畢竟是少數。現實是，大部分基層人口更為依賴香港的社會福利體系，包括公屋、綜援、免費醫療、免費教育等等，而固化在香港，難以離開。

若讓香港的社會福利流動到大灣區，包括在大灣區興建公屋、綜援可攜帶，是否可以帶動香港基層人口到大灣區生活？我個人認為也不一定樂觀。人是社區的人、網絡的人；有知識、技能的人相對更容易適應或建立新的工作、社交、生活網絡，而基層人口因各種限制，重新建立社會網絡的能力相對更弱，往往更依賴一直以來生活的環境去維持其生活模式，並不完全是成本的問題。事實上，有機構在港深邊境修建了針對港人的養老院，可以將綜援等香港福利攜帶到此，也有香港醫生定期去問診，但仍然吸引不了港人入住 —— 很多老人擔心離開香港，子女和親人不便探望，寧願蝸居在港。最終，該養老院只有靠接收內地老人才勉強維持經營，這便是目前的現實。

　　曾有調查研究顯示，目前大約有數十萬港人在廣東工作和生活。工作的，大部分如前所說是港資企業的中、高層管理人員；到大灣區生活或養老的，則以中層或中間偏下階層人士為主，其中部分原本就來自廣東地區。他們有一定的經濟實力和儲蓄，願意到廣東養老，以同樣的成本享受更好的物質條件，或者回鄉落葉歸根。雖然，隨着內地經濟發展和生活水平的上升，與香港之間的成本差距正在縮小，回鄉養老花光積蓄後回流香港的案例也並不少見，但這一羣體是真正有可能融入大灣區生活的一羣。未來，針對這個羣體的居住、養老問題的方案相信有發展的前景。

　　另外，從大灣區移入香港的單程證人士，由於大灣區內有其原本的生活網絡，若未來福利可攜，也許可能願意

回到大灣區生活。但不用離鄉也可享用香港福利，這也許會提升單程證對某些人口的吸引力，可能會對香港公共財政帶來難以估計的負擔。

　　總體來看，能到大灣區就業、創業的，以中高層人才為主；而到大灣區生活、養老的，則以有一定資產積累的中產人士為主。但是，這些人移居大灣區，無助於解決「二號香港」的經濟深層次矛盾。解決這些矛盾，還得依託香港自身，在本地創造多元化的產業，或將大灣區的產業發展機遇引來香港，從香港為大灣區服務，才能在本地創造多元、高質量的就業機會。

─── 本章小結 ───

　　兩個香港各自高度濃縮了全球化的利和弊，既相輔相成，又互相矛盾、對立。在政策設計時，若不深刻辨析兩個香港之間的不同利益所在、不統籌兩個香港的發展，讓兩者均衡受益，將難以獲得預想的成效，甚至有可能加劇兩個香港之間的撕裂，加深社會的兩極分化。

　　要彌合兩個香港之間的矛盾，香港未來在鞏固和提升「一號香港」的同時，要大力推動「二號香港」的實體化和多元化，積極引導經濟朝着兩個香港均衡受益的方向轉型，讓以香港作為安身立命的家園的人，都能分享到香港發展的成果，啟動兩個香港的彌合。

　　為此，我在書中提出了一系列建議，包括：扭轉只發展高端產業的思維，兼顧高、中、低產業；大力推動 2.5 產業的發展；建立科技產業的生態體系；推動貿易物流業的轉型升級；改善《競爭條例》，促進市場競爭；調整與內地的合作模式，從單向優勢轉移變為雙向優勢互動；將大灣區的產業發展機遇、服務的需求帶來香港，推動香港產業和就業結構的多元化；檢討和改善單程證制度。落實這些方面的建議，需要香港政府破釜沉舟，打破以往「自由市場」的禁忌，打破怕犯錯的思維，改變自身角色，積極引導經濟朝着兩個香港均衡受益的方向轉型，讓本地經濟、本地人能充分受益。

總結
珍惜危機，啟動兩個香港的彌合

過去數十年，資本的全球流動帶動了超級全球化的發展，給諸多經濟體帶來了非常複雜的影響。全球化帶來了全球整體福利的上升，但這些福利並非在各國之間均分，而在一個國家內部也並非各個階層均分，分化便因此而起。以美國為例，身處全球化最核心，是全球規則的主要制定者，擁有最多的跨國公司，理論上從全球化中獲取了最大的益處。然而，美國受益並非全體美國人民受益；在新自由主義 (Neoliberalism) 和市場必勝主義 (Market Triumphalism) 思潮下，資本形成霸權，佔有了全球化的大部分利潤。如果將美國視為一體，不去辨析內部不同階層在全球化中的不同處境，將無法理解今日美國在科技、金融仍然享有全球優勢的情況下，卻出現競爭力弱化、貧富嚴重分化、中產收入大幅下滑、社會底層陷入無望、政治撕裂、種族和階層矛盾激化的現實境況。

香港作為全球最開放的經濟體，也一直處在全球化的漩渦核心。同樣，在全球化這把雙刃劍的作用下，香港過去幾十年間的演變和轉型也給不同的階層帶來了截然不同的影響。將香港籠統地視為一個整體，不去客觀辨析不同利益主體在香港這幾十年變遷中的得失，將無法理解香港今日雖尚有無可替代的優勢，但同時深陷深層次矛盾、社會動盪不安的矛盾局面。

我認為，過去幾十年間，在全球化的浪潮下，香港經歷了幾次既成功又失敗的經濟轉型，裂變成了兩個香港。「一號香港」集合了香港現階段的主要優勢和國際功能，是國際金融中心、亞太區資本流通平台、高端服務中心、人民幣離岸中心，成為全球化下的贏家。但是，這些國際化功能與本地的經濟發展、本地人的生活需求基本上脫節，只有少部分精英階層能從中受益。

　　而在「一號香港」崛起的同時，香港出現了製造業全面空心化；服務業日趨單一化、金融化和地產化；就業結構兩極分化、劣質化；中產塌陷、基層上升通道收窄、階層固化；新發展動力難以成長等等現象。而這些困境，主要由「二號香港」的利益主體 —— 包括大部分中產階層和社會基層來承受。也就是說，大體上，「一號香港」享有了全球化的大部分成果，而「二號香港」承擔了大部分的代價。這種「K」型的發展格局，使得兩個香港漸行漸遠，貧富差距日趨擴大。

　　與政治上的撕裂不同，經濟上的撕裂無法選邊站。也就是說，經濟層面的撕裂必須去彌合、去推動均衡發展，因為任何一端的傾覆都帶來毀滅性後果。香港未來經濟發展的目標必須是兩個香港的均衡發展，具體來看就是「一

號香港」的鞏固和提升，以及「二號香港」的實體化和多元化。尤其，香港需要花更大的力氣、並充分借助「一號香港」的力量，來促進「二號香港」的轉型和發展。而這，有賴政府打破以往「自由市場」的禁忌，改變自身角色，積極引導經濟朝着兩個香港均衡受益的方向轉型，讓大部分以「二號香港」作為安身立命的家園的人，也能分享到發展的成果。

當前的香港，新冠疫情、中美衝突、反修例事件這三者疊加，形成完美風暴，打擊深重。無疑，此次危機對香港而言其實是一個警醒（wake-up call），即使疫情結束，從前每年 6,000 多萬遊客來港消費購物的壯觀場面已不可能再現。香港已不可能再像從前那樣高度依賴旅遊及相關消費性服務業，不能再讓經濟結構進一步單一化、劣質化。

但是，誰又能說這一定是壞事？「不要浪費一場好的危機」（"Never let a good crisis go to waste"）——邱吉爾在 1940 年代說過的這句話在此次疫情中被無數人引用，我也深以為然。危機發生時，往往是尋求改變和突破的好時機。此次危機以來，港府相繼動用 3,000 多億元儲備，刺激經濟和保就業，亦算是突破。但是，短期的措施只能解燃眉之急；如何啟動中長期的改變，解決香港的深層次矛盾，才是關鍵。疫情中，政府提出動用香港「未來基金」

設立「香港增長組合」，並拿出實際行動支持企業在本地生產口罩，規模雖小，卻是可喜的發展趨勢，突破了歷來香港政府不干預產業發展的模式，也未見社會反對，反而得到各方支持。從這個角度來看，香港政府及全社會都應珍惜此次危機，借機深入思考前路將何去何從，並發動社會討論，大刀闊斧採取行動，推動香港結構層面的變革。若危機過後，一切重回舊軌，兩個香港之間的撕裂和衝突無疑將會不斷激化，香港也將在泥潭之中愈陷愈深。

「全球」與「本地」是一個硬幣的兩面；"Think globally, act locally"，這是全球化時代經濟、社會均衡發展的根本原則。過去幾十年，香港一直在全球化大道上馳騁，但「本地」的發展和利益，某程度上被忽視了。未來，香港需要尋找新的、關懷本地、關懷年輕人的發展模式。也就是說，香港在融入國家發展大局、融入大灣區的過程中，既要發揮所長，也要彌補所短；既要「走進去」，也要「帶回來」，在將優勢向外擴展的同時，也要吸取外界所長，把發展機遇帶來香港，帶給香港人，從而實現「全球」與「本地」的均衡發展，啟動兩個香港的彌合。

後記

「漂」在港多年，我常常以一個相對抽離的觀察者的視角，來觀察和思考這座城市的優勢與劣勢、現代與傳統、國際與本地、輝煌與衰敗、溫情與殘酷，常常為其獨特、複雜和多面的特性而感嘆 —— 要真正認識香港，不容易。

幾年前，我應一份報紙之邀，開設了一個香港經濟評論專欄，開始系統化地思考香港經濟面對的種種深層次矛盾。在此之前，我雖長期從事研究工作，但香港其實並非我的主要研究對象。便是因這個專欄，我開始慢慢去梳理這座城市的際遇和演變，去分析不同階層的處境，去看種種矛盾背後的根源。不得不說，我在內地和香港的生活歷程，在智庫、政府部門和商業機構的工作體驗，讓我有機會從內地與香港的視角，在理論和現實、政策制訂和商業運作的不同層面，來驗證、檢討種種有關香港的分析、評論和建議。

2020 年中，作為「香港國際金融學會」(Hong Kong Institute for International Finance, HKIIF) 的會員，我應邀開展一份有關香港經濟深層次矛盾及未來發展方向的課題研究。因得這個課題，我重新審視了從前的專欄，建構了「兩個香港」的分析框架，將原來的積累進行改寫、補充、更新。這份提交給 HKIIF 的課題報告，最終成為了本書。

這個過程，得到了很多人的協助。HKIIF 的信任與大力支持，讓這本書成為了「香港國際金融學會叢書」的第一冊，學會中的前輩和同輩們給予了我諸多的建議。香港中文大學社會學榮休講座教授、全國港澳研究會副會長，也是我非常尊敬的學者劉兆佳教授為此書作了序。我非常有幸，曾在劉教授的指導下工作，終身受益。此外，在寫稿過程中，莫婉芬小姐細緻地協助我整理了諸多數據和圖表；我訪談過的多位學者、前輩、研究人員、業界專家與我分享了很多真知灼見。此書的出版得到商務印書館的大力支持，編輯甄梓祺先生給予了我不少寶貴的修改建議和出版協助。還需特別提及的，是一羣關心香港前景的「腦友」。過去多年，我們常聚在一起談天說地、「憂國憂民」，相聚中得到眾多深刻啟發和感悟。篇幅所限，難一一列出，但這份謝意，你們懂的。

　　繁忙工作之餘，仍守在電腦前趕稿，皆因對這座城市的珍惜。願兩個撕裂的香港，終能走上彌合之路。

洪雯

2021 年